L'EXIL SELON JULIA

Gisèle Pineau est née à Paris en 1956, ses parents sont guadeloupéens. En 1961, après quelques mois passés au pays, la famille revient en France avec Man Ya, une grand-mère illettrée, qui ne parle que le créole et raconte l'île, les diablesses, les soucougnans, la dure condition des femmes de la campagne, le quotidien merveilleux et tragique. En 1967, Man Ya repart en Guadeloupe. La famille la rejoint en 1970.

De 1975 à 1979, Gisèle Pineau étudie les lettres modernes à l'Université de Nanterre, puis la psychiatrie à Villejuif. Elle regagne la Guadeloupe en 1980 où elle exerce sa profession d'infirmière.

Gisèle Pineau est l'auteur de plusieurs livres dont *Un papillon dans la cité* 1992 (Grand Prix du livre de jeunesse de la Martinique), *La Grande Drive des esprits* 1993 (Prix Carbet de la Caraïbe – Goncourt caraïbe francophone, et Grand Prix des Lectrices de *Elle* 1994), *L'Espérance-Macadam* 1995 (Prix RFO du livre 1996), *L'Exil selon Julia* a reçu le Prix Terre de France 1996 et le Prix Rotary 1997. Ses dernières publications, *L'Âme prêtée aux oiseaux*, Prix Amerigo Vespucci et *Femmes des Antilles, traces et voix 150 ans après l'abolition de l'esclavage* (écrit avec Marie Abraham) Prix Séverine des femmes journalistes, ont paru en 1998.

Paru dans Le Livre de Poche :

L'Espérance-Macadam

GISÈLE PINEAU

L'Exil selon Julia

RÉCIT

STOCK

Hasards de la mémoire, inventions ?
Tout est vrai et faux, émotions.
Ici, l'essentiel voisine les souvenirs adventices.
Il n'y a ni héros ni figurants.
Ni bons ni méchants.
Seulement l'espérance en de meilleurs demains.

Noir et blanc

Adieu, jusqu'au revoir...

Négro
Négresse à plateau
Blanche-Neige
Bamboula
Charbon
et compagnie...
Ces noms-là nous pistent en tous lieux. Échos éternels, diables bondissant dans des flaques, ils nous éclaboussent d'une eau sale. Flèches perdues, longues, empoisonnées, traçant au cœur d'une petite trêve. Crachats sur la fierté. Pluie de roches sur nos têtes. Brusques éboulements de nos âmes...

Un sursaut nous saisit parfois. Nos poings serrés se prennent à rêver une-deux figures écrasées, collection de dents cassées. Mais, pour dire vrai, gourmer ne nous ressemble pas. Les oreilles exercées à cette musique, parés au pire, un sentiment nous retient toujours. Il suffit de faire comme si ces paroles-là ne brûlaient pas nos yeux. Comme si notre cœur défilé ne s'émeuvait pas. Comme si notre peau noire était coulée de bronze... Ne vous occupez pas ! s'écrie manman. Ne vous occupez pas ! Ces mots-là ne pèsent d'aucun poids ! Il ne faut pas pleurer, surtout pas exposer sa peine, pas leur donner cette satisfaction, pas vous faire remarquer !

11

Nous, c'est mes frères et sœurs et moi-même. À part Man Ya, nos parents et quelques amis militaires antillais, on ne trouve que des Blancs alentour. Figure-toi le beau milieu des années 60. Une cité en Île-de-France. Les amis militaires représentent les seules fréquentations de nos parents. Ensemble, ils détirent les fils du temps, revenant sans cesse aux vies qu'ils ont vécues ailleurs, aux personnages qu'ils incarnaient antan. À secouer ainsi la poussière du quotidien, ils échappent à l'engourdi des hivers. Ils font des tresses de l'oubli qui allonge ses racines dans le semblant du bien-être et dresse ses feuilles au carnaval du savoir-vivre. Et puis, ils couchent à plat le doute qui se relève toujours en eux, pareil aux mauvaises herbes d'un chemin déserté.

Notre Pater, Maréchal, chérit des braves, comme lui, réchappés de la Seconde Guerre mondiale. Anciens des colonies françaises, ces hommes ont risqué leur chair aux mines des mêmes campagnes. Camarades de chambrée, frères d'armes, ils ont couru éperdus au-devant des feux ennemis, souffert côte à côte sur un lit d'hôpital, en Indochine ou en Afrique. L'esprit d'une fidélité quasi mystique les a menés, autrefois, en temps de guerre, à des actions héroïques indélébiles en leur mémoire. L'armée est leur credo, la France et ses et cætera de colonies leur univers. Le dimanche, entre gigot et riz aux pois, ils racontent leurs aventures, dénombrent les fois où, se secourant mutuellement, ils ont couillonné la mort. Sauvés, ils en rient fort. Font de grands gestes épiques. Leurs récits traînent d'anecdotes en blagues militaires à deux sous et trois galons. Parfois, le temps révolu s'en vient bousculer les mots du présent. Alors ils bégayent, trébuchant dans l'émotion d'un discours enrayé. Tandis que ces pans d'histoire tombent les uns après les autres, nous les enfants n'avons droit qu'à silence et admiration. Bien dressés, nous nous tenons droits, les mains sages sur la table, nos pieds en guerre bataillant férocement par en bas.

Un peu blasées dans l'attitude, les femmes écoutent, la tête renversée dans une main. Elles acquiescent machinalement, lissent leurs cheveux, bâillent dans la serviette. Sans beaucoup d'effort, je les vois devant moi : veuves à voilettes et robes noires, marchant en procession derrière un cercueil recouvert du drapeau bleu-blanc-rouge, pleurant le soldat inconnu cueilli dans l'âge vert. Combien de fois ont-elles entendu ces récits captivants, certes, mais qui, rabâchés, ont perdu tout panache et claquent à présent misérablement, feux d'artifice mouillés lancés par des héros oubliés ? Derrière le paravent d'une simple fraternité, elles savent trop bien que ces hommes-là serrent aussi des secrets scellés dans l'honneur mâle. Alors, l'extase des premiers jours ne les habite plus. J'ai quoi... dix ans, onze ans peut-être. Je peux toucher, sans pouvoir le nommer, ce sentiment de dérision qui sourit à ces contes guerriers. Les efforts que déploient les acteurs pour raviver la bravoure passée et ses braises n'émeuvent qu'à demi. Tout ici-là n'est que parade, grand arsenal de mots pour éblouir et ébranler. Je sens qu'il ne faut pas rire pourtant, même dans le rond d'une main. Pour moi, chaque vie est une histoire illustre qui mérite une patience, parce que sa seule évocation coupe le fil du temps et bâtit les demains. Des vies palpitent là. Pauvres vies des figurants de la nation, revenants à genoux des tranchées où croupissent l'héroïsme, ses œuvres et ses médailles. Héros anonymes qui ont donné toute leur jeunesse à la

13

France et n'ont connu qu'avec parcimonie le levain de la gloire.

Par devoir conjugal, les dames s'obligent entre elles à la sympathie. Se découvrent des affinités, parlent marmaille, couture et tricot. Racontent aussi, pour témoigner de leur appartenance à ce tourbillon d'aventures, leur vie au Congo Brazzaville, au Zimbabwe, au Cameroun, au Tchad ou à Madagascar. Souvent, le rituel de la vaisselle les prend à comparer leurs colonies, évoquant les marchés de la cité africaine où elles s'étaient risquées, femmes noires de sous-officiers noirs au service de l'armée française. J'aime les écouter. En essuyant les plats, elles essuient aussi leurs peines secrètes, et dénoncent à mots couverts, sur un ton de très grande confidence à cause des oreilles importunes – les miennes en l'occurrence –, leur amertume de femmes et le régime militaire qu'elles endurent parfois. Sur le tard, après le gâteau-maison, leur échappent des couplets nostalgiques sur les îles lointaines où elles ont grandi, juste avant d'être enlevées par le prestige de l'uniforme et l'insouciance de la jeunesse. Ce sont des jeunes femmes romantiques, lectrices de ces historiettes d'amour où frémissent l'eau de rose, les couronnes de fleurs d'oranger et les cyprès des allées qu'arpentent les amoureux. Comment en sont-elles arrivées là ? Elles se le demandent encore... Un jour, elles avaient dit Oui au hasard qui posta sur leur chemin un homme en uniforme. Oui à toutes les raisons déployées par l'amour, au demain voyageur au bras d'un héros à barrettes et galons. Oui à l'exil, qui semblait aussi simple que changer de casaque. Elles s'étaient vues devenant des grandes femmes libres Là-Bas en France, sauvées du joug paternel, dégagées du sacerdoce d'aînesse, épargnées du destin des vieilles filles qui ne trouvent plus d'ivresse qu'en Dieu. Ces soldats avaient débarqué comme prophètes, avec en bouche le mot : France, grand augure de romances, belles robes, bals, souliers vernis et falbalas... Hélas, les soupirs qu'elles poussent à présent dénoncent tous leurs rêves. Et les Si j'avais su..., évocateurs des lits sans soleil où s'écoule leur existence, témoignent des démâtages qu'elles ont déjà subis. Quand leurs yeux rencontrent les miens rondis d'une voracité de questions, leurs visages retombent dans les moules ordinaires et je tourne la tête.

Ma grand-mère Man Ya ne joint pas sa voix à ces chants désillusionnés. Son esprit flotte au-dessus de la mêlée. Elle est là, inoffensive en quelque sorte, pareille à un vieux meuble démodé taillé grossièrement dans un bois dur. Un genre de commode mastoc reléguée dans un coin de la cuisine depuis combien de générations. Les portes fendues au vernis écaillé couinent et méritent une huile dans les gonds. *Poulbwa*, ravets et souris dorment et dînent en dedans. Y a plus rien à faire pour la réparer, mais on ne s'en défera jamais. On la garde en affection et en respect, se disant que, peut-être, le grand mystère du monde est coulé dans les veines de son bois, écrit dans les débris qu'elle serre encore dans ses tiroirs.

Man Ya pousse un gros ventre. La peau de ses jambes est sèche et craquelée, identique à la croûte noire des puddings de pain rassis qu'on défourne les samedis. Ses pieds cornés avancent des ongles noirâtres et durs, si durs, qu'ils doivent, avant toute tentative de coupe, tremper longuement dans une bassine d'eau savonneuse pour ramollir un brin. Nous, les enfants, contrôlons la situation. Un déballage de ciseaux, limes, pinces, râpes s'avère impératif pour cette opération. Nous déployons les ustensiles en question avec des gestes lents et menaçants de chirurgiens grands couillons. Et celui qui se met à tailler les ongles, découper et râper dans la corne épaisse, s'assure des frissons mémorables. Man Ya se laisse faire. Elle grigne si la pince mord dans la chair plus tendre. Elle a les dents écartées des gens qui ont, bien avant l'annonce de leur naissance, brisé l'écale sèche où profite la noix-chance. Pourtant, elle sourit en peu d'occasions. Ne rit guère. Elle n'a pas appris, ou bien elle a oublié. Si son corps reste là, d'entre nous, son esprit voyage sans fatiguer entre la France et son Pays Guadeloupe où chaque jour elle espère retourner. Insignifiants comme nous sommes, nous rions pour elle et personne ne cherche à lever les voilures qui couvrent son regard retiré dans l'absence. En attendant le grand jour du retour, elle s'occupe de nous, se met à notre service, et nous trouvons tout cela bien naturel. Ses manières sont rustres. Ses caresses plutôt des frotters vigoureux. Ses mots marchent droit : elle dit que la vie a une seule extrémité et deux destinations. Ceux qui veulent prendre des mauvais chemins arrivent vite, mais échouent dans ravines et savanes où la lumière ne perce pas.

Au Pays, elle dit avoir enjambé des rivières enragées et escaladé des mornes raides avec, sur le dos, sa charge de misère et la bêtise d'être née femme et négresse. Son époux Asdrubal – dit le Bourreau – la rossait à grands coups de pied et puis usait son fouet sur son dos. À mi-voix, elle confie qu'il était poursuivi par les esprits des morts tombés dans les tranchées de 1916, du temps où il faisait la guerre en France. Dans sa jeunesse, elle avait perdu des enfants dans les eaux troubles et l'enfer des coliques... Elle nous

16

raconte – personne n'avoue donner crédit à ses paroles – qu'en Guadeloupe, des amis du Diable ont pouvoir de s'envoler, tourner en chiens, suspendre le cours des rivières et démonter la vie. Elle a déjà été coursée par des diablesses à pieds fourchus et doigts crochus. Elle a vu la nuit en plein jour et le jour se lever au mitan d'une nuit sans lune. Des frissons nous saisissent en ces épouvantables évocations. Mais elle continue à raconter et driver à l'aise dans ces cauchemars, tout en énonçant au fur et à mesure mille raisons pour retrouver ce cher pays perdu. Elle désigne des kyrielles de jaloux, des estrapades au *pipirit* chantant, des gourmades de démons et des marinades de sorciers. Terrorisés, nous défaillons, encerclés par des Lucifers en caleçons, des maudits en queue-de-pie. Mais elle nous mène aussitôt à son jardin et nous échappons aux méchants. Plus que sa case de Routhiers, son jardin lui manque infiniment. Elle le dresse pour nous comme un lieu merveilleux où toutes espèces d'arbres, plantes et fleurs se multiplient dans une verdure accablante, quasi miraculeuse, argentée çà et là d'une lumière qui ne diffuse qu'au seul cœur de Routhiers. Elle évoque une eau de source éternelle, née d'une roche, projetée sur ses terres par la grande Soufrière. Elle nous donne à voir sa rivière qui descend de la montagne pour traverser ses bois et lessiver son linge. Elle nous rapporte chaque parole des oiseaux, nommant après eux les feuillages et les fruits. Et puis elle nous hisse dans les branches de ses arbres, juste pour mieux nous montrer l'horizon tout bosselé par les petits îles qui ploient sous le poids de leurs volcans ventripotents, fumant, crachant. Nous voyons tout par ses yeux et la croyons comme on croit au Paradis, balançant sans cesse entre la suspicion et l'intime conviction.

Bien sûr, elle ne se trouve pas à sa place en Île-de-France, dans l'étroitesse d'un appartement. Mais c'est ça ou la mort au Pays, nous dit-on à voix basse.

Autrefois, dans les années de guerre, au temps où le général de Gaulle sauvait la Mère-Patrie, Man Ya avait poussé son fils Maréchal à joindre les dissidents. Pour pas qu'il lève la main sur son papa, elle avait dit : « *Foukan De Gaulle ! A yen pé ké rivé-w !* Tu reviendras vivant dans la gloire du Seigneur… »

Maréchal s'en revint en 50, entier, victorieux, décoré, galonné. C'est là qu'il s'éprit de ma manman, Daisy. Nègre-noir de Routhiers, il avait comme défenseur sa bonne éducation, son français sans coups de roches et, pour garantir la noblesse et l'honneur, l'uniforme de la nation qu'il portait aisément. Il fit sa cour, brava le regard des parents, et finit par épouser Daisy, à qui il avait promis Paris.

Onze ans plus tard, juste avant de regagner une nouvelle fois la France, le destin ramena entre-temps Maréchal en Guadeloupe. Il avait connu des parts du monde, appris à chérir davantage encore la Mère-Patrie. Il avait vu naître des guerres en même temps que des pays. Partout, il avait rencontré des hommes, armes à la main, en quête de paix. Il avait vécu, aimé et haï, défendu des femmes et des enfants en Afrique, en France, en Indochine. En cette année 61, paré déjà d'une belle famille, Maréchal avait le sentiment que le Bondieu lui offrait une dernière chance de sauver sa manman. Peut-être que, s'il tardait encore, il ne la reverrait pas vive, se disait-il, et le remords le prendrait en passion le restant de ses jours. J'avais cinq ans en 61 et pour moi...

Il y eut d'abord ce temps d'Afrique. De 60 à 61, je crois...

Je me souviens peu des jours passés sur cette terre-là. Je vois des amandiers immenses, lents à se mouvoir comme des vieux-corps perclus qui ne branlent pas un poil de peur de lever une douleur. Ils jettent des taches d'ambre sur une terrasse que le soleil blanchit. Des colonnes larges comme des pattes d'éléphant.

Le bord de la mer était loin, la brousse aussi... À part les serpents qui nous interdisaient la jungle du champ de manioc déployé derrière la maison, les animaux d'Afrique ne vinrent jamais à notre rencontre dans le quartier militaire où nous étions cantonnés. Pour se faire peur, les grandes personnes se racontaient l'histoire de tel lion qui massacra un village. Tel tigre qui dévora une famille jusqu'aux dents. Enfants, nous ne récoltions que le clinquant de ces récits. Mêlés à nos livres d'images payés en francs CFA, ils enflaient dans notre imagination et prenaient possession de nos rêves qu'ils changeaient en grandes aventures, expéditions sauvages peuplées d'une faune imprévisible. Éléphants, lions rugissants, grands singes, zèbres et girafes allaient par troupeaux sur des savanes brûlées. Tarzan pouvait apparaître et disparaître à tout instant sur une piste incertaine menant à des villages éteints. Là, des femmes en boubous pilaient le mil. Des chasseurs d'ivoire et des explorateurs anglais au long cours suivaient des Pygmées au milieu d'une jungle inextricable où régnaient des tribus guerrières qui pointaient leurs flèches empoisonnées. L'Afrique tout entière, ses représentations colorées existaient, s'affrontaient, passaient et trépassaient dans nos esprits, échappant à tous les remparts du quartier militaire français.

Il reste des photos de ce temps-là…

J'ai feuilleté ce qui reste des albums de notre famille. C'était l'âge où je remuais des questions en quantité. Je voulais des noms sur des visages. Je voulais des dates, des couleurs apposées sur le noir et blanc des photos. Des humeurs. Des mots pour dire l'impalpable et l'immatériel, l'insignifiant et l'oublié. Manman se soumettait chichement au souvenir. Je sentais qu'elle résistait toujours, voulait garder tous ses trésors pour les plis de son cœur. Il me fallait la douciner avant de demander. Après un souffle, comme décroché des trémails de sa mémoire, elle ramenait à la vie le temps d'avant. Sa réticence s'émiettait alors, et la parole allait bientôt plus vite que la pensée, précipitée, brûlant ses lèvres. Grâce à elle, sur papier glacé, je retrouvais à l'occasion l'apparat de cette Afrique où nous avions vécu, tous, sauf Suzy qui naîtra en 1963… Manman disait que l'Afrique nous avait pourtant toujours tenus à distance, comme si la couleur de la peau seule ne faisait pas la famille…

J'ai longtemps gardé le sentiment d'avoir perdu quelque chose : une formule qui perçait jadis les geôles, un breuvage souverain délivrant la connaissance, une mémoire, des mots, des images. J'ai nourri en moi cette perte, pesante comme un deuil, manque sans définition. Affamée de savoir, assoiffée d'une essence authentique, empressée de retrouver le fondement même du monde, je chargeai mes épaules d'un amer équipage. L'Afrique lesta autrefois ces cruels bagages…

Je me suis jadis égarée dans de grands bois où tous les chemins montraient le même profil. Je me trouvais toujours aigrie devant la mort qui ferme en sa noirceur la malle des souvenirs, et puis consume le corps des temps échus. Je passais les jours de ma vie à collecter des restes, vieux os, manger rassis, écrits blessés, photos jaunies. J'avais la certitude qu'il me fallait prendre les paroles aux lacs, les seiner, les haler, les crocheter. Je voulais mettre mes pas dans des traces anciennes, récolter des cendres, des poussières… Je voulais colleter chaque dire, le bourrer, le tourner à l'envers, et puis mordre dedans. Une faim qu'on ne peut envisager…

1961. La Guadeloupe nous attend.

Onze ans que les parents n'y ont pas mis les pieds !

Onze ans qu'ils s'en sont allés voir la couleur des autres terres ! Leur campagne a-t-elle changé ? Eux-mêmes sont-ils encore gens de Guadeloupe ?

Partie dans l'innocence d'une jeune épousée, ma manman Daisy retourne dans son pays avec cinq enfants. Maréchal a pris d'autres galons. Un genre d'ivresse les tient. La traversée dure dix jours, et à mesure que l'île approche, une force venue de l'intérieur les branle. Les doigts amarrés, ils rentrent ensemble dans une autre eau, braque, qui les lave. Une eau d'embouchure où s'épousent océan et rivière. Ils baignent leurs corps et se délivrent des griffures de la vie. Nous-mêmes, enfants, trempons nos lèvres et léchons ce sel-là qui guérit les blessures. Nous courons fous sur le pont du paquebot, le cœur empli d'une joie qui ne se nomme pas. La Guadeloupe ! La Guadeloupe ! Bientôt, bientôt, nous la verrons ! Trois jours. Trois petits jours. Demain ! Demain ! Une nuit à traverser et le pays apparaîtra. Cap Est ! Terre ! Terre ! criera le commandant. Quel est ce pays-là, immense – sûrement cent fois l'Afrique et la France réunies – qui dépose des grains d'or dans leurs yeux ? Nous n'en savons rien, mais rions avec eux. Le contentement du cœur est un sentiment qui s'en vient bon ballant et repart vif-argent. Quel est ce pays-là ?... « C'est mon Pays ! répète manman. Il a vu ma naissance. Toute ma jeunesse est là-bas. Près des rivières, des champs de cannes, des mornes et bois. Au bord de mer, la plage de Sainte-Claire. Vous allez voir Pa et Man Bouboule, mes sœurs, mes frères, mes oncles et tantes, toute ma famille. C'est mon Pays ! Mangos-pommes, fruits à pain, poisson frais. C'est Guadeloupe ! Goyave ! Capesterre !... » Le Pays inconnu nous semble infini dans le noir des yeux de manman.

Ces onze années qui se sont écoulées !
Qu'est devenue la belle Daisy, son Maréchal ?
Loin gît l'émoi du jour de leur mariage...
Il faut passer sur ce temps-là. Laisser dépérir tout ça dans le grand fond que personne veut sonder. Qu'est-ce qu'il y a par en bas ? Des cantines rouillées de larmes, des bêtes-à-feu qui veillent le cercueil de l'amour, une ménagerie d'années empaillées, des vieux canaris percés aux fesses qui n'ont pu retenir le bouillon de jeunesse ?... Daisy et Maréchal croient encore qu'une vie nouvelle peut démarrer de chaque voyage. Sur cette photo-là, ils se montrent, hein ! Ils ont sur la figure un air qui dit : « Messieurs et dames, nous avons eu raison de prendre le chemin de la Métropole. Nous sommes beaux, bien habillés, chaussés de neuf. Nous avons bien travaillé et formons belle famille. » Trois garçons, deux filles... Qui aurait pu penser...
Lui, Maréchal, vient de Routhiers, Cacoville,

Capesterre de Guadeloupe. Routhiers, c'est un endroit, comment dire… Les bois ! Au pied des Chutes-Carbet. La brouillasse qui finit pas. Une terre riche et noire. Tu jettes une graine, il pousse une forêt qui serre méchants zombis et magies de sorcières. Tu n'as pas envie de te risquer derrière les halliers sombres, ou sinon attiré par la flamme d'un cierge gris qui crie ton œil en la noirceur d'une case. On y croise la détresse, l'amour, l'ivresse. Front plissé, bras ballants, bouche en biais, des femmes provocantes et austères montent des mornes en soutien-gorge, panier sur la tête, marmaille dans les jupes. Des hommes déboussolés philosophent sur la vie à l'en-bas d'une casquette. D'autres, qui fourchent la même terre sans fatiguer depuis des siècles, sourient doucement à leurs rêves de récoltes. Des Oiseaux de Paradis, grandes fleurs extravagantes, ouvrent leurs becs orange au bordage du chemin. On demande sa route à des esprits moqueurs qui drivent en ces lieux seuls, apparaissent, disparaissent. D'ordinaire les gens qui vivaient là, sous l'ombrage des dos-mornes de la Soufrière, ne cherchaient pas leur destinée ailleurs que dans la perdition des champs de cannes à sucre. Mais Maréchal aimait l'école. Il réussit au concours des bourses. Pensionnaire au lycée Carnot, il décrocha son brevet en 41. Il aurait pu pousser plus loin. Las, la France était entrée en guerre. Jeune, brave, tellement pétri d'honneur, il joignit la dissidence en 43. Engagé volontaire. Militaire, voilà comment il devint militaire de carrière.

Elle, Daisy, est native de Goyave… Son papa, géreur sur l'habitation de Sainte-Claire, possédait une ligne de transports en commun. Sa man-man tenait la plus grande boutique de Goyave. Ils vivaient comme résignés dans une prospérité maligne que rien ne semblait entamer, croyaient-ils. Hélas, le papa signa un crédit pour un faux ami, un couillonneur qui, pour mieux disparaître, mit en scène ses propres obsèques. Il y eut, à ce qu'on dit, veuve en grand deuil et orphelins en pleurs à l'enterrement. Fleurs, couronnes, oraison funèbre et, sur le cercueil, la terre noire du cimetière jetée comme un sceau de vérité. Comédie ! Complot, mascarade, blasphème… parce qu'en vérité, on avait refermé la bière sur un pied de banane. Pendant que mon grand-papa vendait tous ses biens pour payer les dettes du coquin, trébuchant dans une faillite dont il ne se releva jamais, le sieur Untel partait pour France sur un paquebot, avec son gros magot. Pendant que ma pauvre grand-man Bouboule allait supplier les huissiers et le Bondieu de pas lui retirer sa boutique, le maudit, caché derrière des noms d'emprunt, ouvrait grands magasins à Marseille et Paris. Plus d'un le vit, ici, là, et autre part encore, sans pouvoir le tenir. Un jour, on n'entendit plus parler du bandit. Mais il dut mourir mal, c'est sûr, dans une douleur morale qui tourna ses entrailles en putréfaction, lui démit les os et desscécha sa moelle osseuse. C'est ainsi que la famille de ma manman échoua à Capesterre. Là, le destin les entassa dans une case misérable, face à une savane où les gens sans terre venaient attacher bœufs, cabris, cochons.

… Novembre 49. Chaque après-midi, le visage ombragé par un parasol, Daisy quitte la mercerie où elle est employée et marche dans la grand-rue, droite, sans regarder ni à gauche ni à droite. Parce qu'il est dit qu'on ne lit pas sur le front des personnes s'ils communient avec anges ou démons, elle ne cherche pas les fréquentations d'ici-là. Elle a vu comment l'homme qui monte haut, tombe et se casse dans une facilité de jouet. À présent, à cause de la faillite familiale, elle sait aussi que les coquins ont souvent belle figure, sourires d'aristocrates, cravate et papiers à signer.

Maréchal vient de passer un temps au Sénégal. Il est tout frais débarqué, en congé de fin de campagne. Le soleil donne trois ou quatre heures. Manman a dix-neuf ans, belle, fière mulâtresse. Ce jour-là, elle va à la rencontre de son avenir. Elle ne le sait pas encore. Elle pense à quoi, à qui, à quel galant ?... Les yeux se croisent au bal et Papa Bouboule se transforme en muraille quand l'heure vient pour demander la permission d'aller danser. Comment escalader les roches de ce fort qui résiste à tous les assaillants ? Alors les bals sont rares et les bons partis plus clairs encore. Manman presse un peu le pas. Elle va rentrer, finir la couture d'un corsage. Demain le jour se lèvera peut-être pour elle. Elle a foi en Dieu. Elle prend patience. Les histoires qu'elle lit dans les romans finissent toujours bien. Amour rime avec mariage. Poussées par le vent de l'ennui, ses pensées déradent et sillonnent de grandes eaux enflammées. Elle rêve emballements, romances, sérénades. Elle avance, le front lisse, le regard abîmé dans une nuit d'illusions...

Soudain, un petit garçon est devant elle.

« Manman !

– Qui es-tu, toi ?

– Paul, je m'appelle Paul ! » L'enfant est propre, bien habillé.

« Tu n'es pas tout seul, quand même ? D'où viens-tu ? » Elle lève les yeux. Un Nègre-noir vêtu d'un uniforme militaire se tient debout, juste devant le soleil qui le rend si grand, si sombre. Aveuglée, elle met la main en visière.

«Manman!» Paul prend son autre main, lui donne des baisers et ses plus beaux sourires. Alors, comme s'ils étaient embarrassés de leur demain, les deux jeunes gens désarment devant l'enfant et tombent ensemble dans la même nasse. Chacun de son côté pense : c'est ma destinée. Elle, beauté laiteuse à peau fine, chair ivorine, aux grands cheveux-soie de mulâtresse, petite proie dans sa coquille de nacre, ne connaît que sa Guadeloupe natale qu'elle aime de tout son cœur. Mais elle sait, elle a toujours su, qu'elle ne restera pas ici-là, à fouler cette seule terre. Dans le couchant, les mornes de la colonie font comme les ailes cassées d'un oiseau qui ne prendra jamais son envolée. Elle veut aller de par le monde. Il lui faut des horizons d'hivers, des hirondelles pour ouvrir les printemps, des aubes rousses d'automne, des étés à Paris. Parfois, elle se voit sur un paquebot qui l'emmène loin. Ailleurs. En France. Daisy frémit soudain. Maréchal raconte. Il a parcouru le monde. La Dominique, l'Amérique, L'Afrique. Ses mots sautent d'un continent à l'autre. Un lion rugit au détour d'une parole tandis qu'une nation de zèbres prend la fuite. La France défile. Il parle si vite, pressé. En congé, mais repart bientôt. Paris apparaît, puis s'efface dans l'histoire de sa vie mêlée à celle de Paul. Un drame en vérité ! Non, cet enfant n'est pas le sien ! Un accident bête a tué son vrai père. Pauvre petit… La bonté en personne, cet homme-là ! Sa manman habite Routhiers, Man Ya, une sainte ! Des bombes de la guerre explosent dans ses yeux. Daisy le voit à côté du général de Gaulle, et puis sous les feux ennemis, parant les balles de ses deux mains. Il est brave, se dit-elle. Il promet déjà toute la magie d'Afrique, la France, des siècles de lumières. Il soulève un seul coin de voile et elle se prend à bâtir, traverse les océans. Elle pèse et soupèse le parti. Déjà conquise, elle fait une seule sauce avec ses mots à lui, ses sentiments à elle et l'intuition aussi, l'emballement et la précipitation, ces amis d'un moment. Et puis, il parle si bien, si bien le français. Il a des diplômes, des certificats. Il est sergent de l'armée française. Paul veut une manman...

Tout se fait dans les règles, même si très vite : demande et cérémonie. Papa s'en va une semaine après le mariage. Manman le rejoint en mai de l'année 50, le temps de rassembler quelques effets pour un trousseau.

Les grandes personnes, pudiques et secrètes sur leurs amours, n'aiment pas remuer cette eau-là qui ne coule plus en eux. Comment tout raconter depuis les neuf lunes, le premier cri au lever du jour, depuis que ma mémoire s'inquiète de serrer la collection des faits, depuis que le temps est temps et ma vie déposée sur cette terre. Raconter mon comment, mon pourquoi, mes pensées, mes paroles, mes actions... Ma vie commence bien là, même si je n'existais pas encore. Avant d'aller plus loin, je devais évoquer cette rencontre première. Non, il ne l'a pas forcée. Elle pouvait le toiser, carrer les épaules et lui donner son dos méprisant, sa taille oppressée et ses hanches outragées à mirer. Elle pouvait sourire de biais et dire : « Vous êtes un Nègre, monsieur ! Passez votre chemin ! Ma peau est trop claire pour vous ! » Elle avait le droit de voltiger toutes ces paroles-là sur lui qui mendiait une manman pour son orphelin et prétendait mettre une mulâtresse dans sa couche. Sans même prendre un temps pour se mieux connaître, ils ont couru ensemble, jeunesse dans l'espérance, désirs partagés...

Pourquoi a-t-elle dit oui si vite ? Trop d'étoiles brillaient sans doute devant ses yeux…

Pourquoi a-t-il cru que mot d'enfant vient droit des cieux ? Peut-être bien qu'il voulait voir un signe céleste en chaque éclair de vie…

Pourquoi ont-ils emmêlé leurs destins dans l'idée d'un exil ?

Tout commence là, avec ce questionnement lancé fort comme une roche dans une mare reposée qui sursaute, en ronds muets, rires d'eau.

Pourquoi sont-ils partis ?

Une fois Là-Bas, à sept mille de Guadeloupe, il me semblait appeler comme appelle l'âme seule debout dans une savane. Corne jusqu'à perdre souffle ! Corne pour lever du sommeil les mornes alentour !

Pourquoi ont-ils quitté leur terre ?

Amarrages et démarrages.

Allées et virées.

Départs flamboyants vers le Pays-France.

Retours jamais définitifs en cette colonie de vacances.

… Enfants ! Rien, il n'y a rien de bon pour vous au Pays, disaient les grandes personnes. Antan, ce fut une terre d'esclavage qui ne porte plus rien de bon. Ne demandez pas après ce temps passé ! Profitez de la France ! Profitez de votre chance de grandir ici-là ! Au Pays, la marmaille parle patois. Profitez pour apprendre le français de France… Combien de Nègres vous envient, vous n'en avez pas idée. Y a tant de jalousie… C'est pas facile d'échapper à Misère, Malédiction et Sorcellerie, ces trois engeances du Mal qui gouvernent là-bas. Les Nègres suent dans les champs de cannes et ne voient jamais un seul soleil se lever sur leur vie. Les enfants s'en vont à l'école sans souliers.

On connaît ni linge à la mode ni bonbons-réglisse... Mais quant à déterrer ces histoires d'esclavage, ça vaut pas la peine. Et laissez les Blancs raconter leurs affaires! Ne vous occupez pas! Mesurez seulement votre chance... Non, y a rien de bien bon au Pays.

Ils en énuméraient les laideurs comme pour se rassurer, nous convaincre aussi. Mais parfois, songeant à l'île, des reflets merveilleux scintillaient dans leurs yeux. Tous les atours de France : beauté, liberté, facilité, chemins de réussite, ne dessouchaient pas l'amour de leur Guadeloupe. Sans le vouloir vraiment, ils laissaient pendre une corde lâche, entre eux et le pays natal. Palancre sur laquelle on décrochait les appâts d'une nostalgie, les histoires sorcières, l'aubaine d'une-deux poses et gammes, la manne du parler créole, les nouvelles chiches, les colis de Man Bouboule : vanille, muscade, rhum et cannelle. Trésors emballés dans la feuille d'un vieux journal local qu'on défroissait pour la lecture du soir. Richesses dont manman usait avec économie et serrait fond dans des bombes en fer-blanc. Pour dire vrai, les grandes personnes balançaient sans cesse entre l'ivresse qui éclôt de chaque retour et la renaissance qui dit accompagner l'exil. Ils parlaient du Pays avec amour, nostalgie et dépit... Ils l'aimaient, oui, mais d'une manière équivoque, comme un amour de jeunesse qu'on n'arrive pas à oublier même s'il n'a pas donné de fruits.

Délivrance

À l'époque, Délivrance est le mot qui revêt dans toute sa hauteur le départ pour France de ma grand-mère Man Ya. Selon notre façon de voir la vie, nous sommes ses sauveurs. Nous l'avons délivrée du Bourreau, nom-dit-derrière-le-dos placardé à jamais sur le front de son époux Asdrubal, mon grand-père paternel.

En 1961, quand nous débarquons en Guadeloupe, pour quatre mois de congé de fin de campagne, Maréchal veut oublier qu'il a joint la dissidence afin de pas rendre à son papa les coups que prend Man Ya. Hélas! près de vingt ans après, la malheureuse rondit toujours le dos dessous les mêmes volées. Elle a dit oui à monsieur l'abbé pour le meilleur et pour le pire. Et le pire, démon qui lui mange chaque jour de sa vie, garde sous ses ongles sales et affilés les crasses des peines anciennes jamais défuntes, le souvenir d'un sang-rouillure au mitan de sa vie, la ferraille d'un sabre qui tranche tous les jours que Dieu et Diable ajoutent au temps. Maréchal s'en revient donc comme il est parti, enragé après le Bourreau. Man Ya lui tient les mains, barre sa bouche pour qu'il ne parle pas haut contre son papa. Elle l'implore de laisser l'épée de justice à la loi divine qui donne toujours un rameau aux croyants du Bondieu. Elle lui dit, pour qu'il accepte de la voir sous ce joug, que la vie ici-bas n'est pas la vie et que le ciel s'ouvre en grande espérance pour les humbles, les petits, les derniers de ce monde-ci. Elle parle dans l'inquiétude, veillant les alentours. Le Bourreau la terbolise, mais elle ne fomente aucune vengeance, ne songe pas à lui couler, un soir qu'il dormirait, une huile chaude dans le creux de l'oreille. Elle ne cherche pas une savante recette de poison et cuit tous les jours la viande ou le poisson, qu'il achète pour son ventre. Elle mange après qu'il a roté, s'il reste quelque os à sucer, un gras au fond du canari, de quoi saucer un morceau de pain.

Deux, trois jours avant de prendre le bateau pour France, Maréchal se lève un matin avec, en tête, un calcul d'enlèvement. Sommeil tracassé. Le général de Gaulle lui est apparu étreignant une Marianne de pierre soustraite à la malédiction de Hitler. Lui-même, Maréchal, est redevenu le petit négrillon de Routhiers-Capesterre de Guadeloupe. Il a dix ans ou peut-être douze. L'étonnant, il regarde tout ça comme derrière un grand voile, c'est qu'il porte déjà la tenue militaire. Enchaînée, bâillonnée, meurtrie, humiliée, Man Yan est une Marianne aussi, ou plutôt une idole africaine – parce que noire et taillée dans un bois d'ébène comme il en a vu au Sénégal. Tourné en libérateur, il va pourfendre le Bourreau lorsqu'il se réveille, sauvé de l'inconcevable par le cri d'une tourterelle. La tête déposée dans une main, il appelle les unes après les autres les images du rêve jusqu'à ce que le Bondieu fasse ses premières écritures dans le ciel. Ce Nègre-là qu'on appelle son papa n'a pas de sentiments, se dit-il. Lui, Maréchal, a voyagé. Il a vu comment vivent les gens. Il est médaillé militaire, félicité par le

Général en personne. Il est un homme debout. Tout ça grâce à Man Ya !

Mais Asdrubal permet qu'elle descende à la messe…

Comme chaque dimanche, Man Yan se lève avant le soleil, les nuages, les coqs et tous les animaux de la Création. Elle fait sa toilette, tresse ses cheveux et s'habille en priant dans son cœur. Cette nuit, les défunts de la Sale Guerre sont encore venus visiter Asdrubal. Il a poussé ses cris de bête. Son corps pleurait la mort sur le grabat. À présent, il fait mine de dormir. Man Ya le sait. Elle connaît tous ses roulis, sa rouerie, ses gestes-macaques. Il la veille par en bas, yeux mi-clos dans la noirceur. Son regard pèse sur elle… Mon Dieu ! prie-t-elle. Faites que Votre amour sorte victorieux ! Seigneur, repoussez Satan dans des fonds sans pardon !…

Elle remet sa case à la protection du Très-Haut et tire la porte en tôle. Le Bourreau se lèvera dans un moment. Pauvre, la couche est son ennemie. Dès qu'il gagne le sommeil, le passé l'assaille. Il se débat toute la nuit. Un café frais coulé l'attend sur une planchette de la cuisine. Il aime le café de Man Ya. Il aime la façon qu'elle a de roussir une viande, de cuire le riz et pois. Il aime porter les chemises qu'elle lave, amidonne et repasse. Il aime toutes ses actions, ses ruses à faire d'un petit rien un bien, sa grande économie, son accommodation aux raideurs de la vie. La seule chose qu'il lui reproche, c'est d'être là en fait, dans les parages. C'est de croiser son regard, d'entendre son souffle. Savoir qu'elle respire dans le même air que lui. Devoir supporter la vision de ses robes pendues dans la case. L'entendre chanter ses louanges à Dieu. La trouver toujours à la tâche, l'esprit libre, les reins cassés, les mains occupées. Il voudrait, une fois, connaître les pensées de cette Négresse Julia quand le sommeil l'emporte, lui, sur les champs de bataille en France et qu'il crie, poursuivi par ses camarades morts dans les tranchées. Il endure sa présence.

Man Ya va à pied, quelque cinq kilomètres, priant tout le long du chemin pour le repos de l'âme de sa manman, pour ses enfants, ses amis, ses adversaires et le triste sire qui a rétabli l'esclavage, juste pour elle. Parfois, une famille de lapins blancs lui ouvre la route. Un taureau pas catholique la regarde avec un défi dans les yeux. Homme ou animal, elle ne s'efforce pas à résoudre ce mystère et passe son chemin, faisant seulement un signe de croix pour se rendre invisible aux esprits malveillants. Le dimanche, elle sent un peu de la bénédiction du Seigneur lui dégoutter le long du dos. Elle reçoit comme une grâce le fait de marcher ici-là, à cette heure, au cœur de ces bois odorants. Alors, elle salue la venue du soleil et chaque branche et chaque brin. Nez plissé, bouche pincée pour mieux humer les essences, elle avance, guettant les bruits et commerces des petites bêtes à Bondieu qui charroient leur manger ou les quatre feuilles d'un nid démonté par la pluie. Le vent trousse les jupes vertes des roses-porcelaine qui bordent sa terre, et puis se lève et va secouer dans leur sommeil les pommes-Cythère, les mangos, les goyaves qui donnent sur les toits de tôle du voisinage, et même les fruits-à-pain doux accrochés dans les branches. Fondues dans la noirceur du devant-jour, les Chutes-Carbet et toutes les rivières qui descendent fort sur les roches la poussent à presser le pas. Tandis que gémissent les mornes en souffrance sous le poids des nuages, elle siffle avec les oiseaux et guette les diablesses.

Quelle heure est-il donc ? L'heure ici n'est pas affaire de cadran. L'heure s'inscrit dans le ciel, la noirceur matinale, le coucher des soleils infidèles. Les jours s'allongent ou se ferment selon les saisons. Le temps des hommes est temps prêté. Et la journée se dévide tout naturellement si tu écoutes le temps s'écouler en toi comme grains de sable en sablier. Le temps se dépose sur le temps et si tu attends le soir, une main sous la mâchoire, tu ne verras rien passer. Non, Julia n'est pas en retard. Elle descend au bourg pour rejoindre le Seigneur et prier l'Agneau qui a racheté le péché du monde. La messe n'aura pas commencé. Souvent, elle rencontre des esprits égarés dans le petit matin, soucougnans, ombres furtives et maléfiques. Tout ce monde vole pressé-pressé dans les airs. Il faut rentrer avant que le jour ne s'ouvre en grand, leur fichant un rai du soleil fulgurant dans l'œil. Il faut cavaler pour ne pas être condamnés à battre des ailes dans le désespoir éternel des volants en déveine. Julia descend elle-même pressée-pressée et leur accorde peu d'attention. Elle arrive toujours pour la première messe et s'il est trop bonne heure, les portes closes barrant sa foi, elle patiente simplement, le cœur sauf de rancœur.

Ce matin-là, au sortir de l'église, Maréchal l'attend avec son dernier frère. Ils se tiennent debout devant une auto verte. En ces années, tu pouvais compter les voitures. Fière, Man Ya embarque sans se défier, disparaît dans le fond de l'auto. Elle ne sait pas encore qu'elle disparaît en même temps, et pour six ans, de la vie de son époux Asdrubal. Deux jours passent. Une carte d'identité, nationalité française, vient la trouver. Une croix au bas de sa photo. Là ? Oui, ici ! fais une croix pour signer. Maréchal l'emmène en France, il a décidé. Elle va vivre loin du Bourreau, loin des coups. Il n'y a rien à dire. Il est poussé par la conjonction du devoir filial, des bons sentiments et d'une procession de rêves prémonitoires. Il fait ça pour son bien à elle, parce que sur cette terre – en 1961! – les gens n'ont plus le droit de vivre comme des animaux. C'est fini cette sauvagerie, toute cette misère! Bientôt, sur la terre y aura plus de ventres vides, plus de calvaire! C'est pas pour du beurre que Schœlcher a délivré les Nègres de l'esclavage! Lui-même, Maréchal, est malade et son cœur saigne quand il songe à l'enfer qu'elle endure à Routhiers. Il ne veut plus la voir sur ce chemin de croix. Partir, la seule réponse à ce martyre.

Maréchal raconte les douceurs de France. Man Ya supplie de la laisser dans sa destinée, tombe à genoux et, mains jointes, jure que ses souffrances passent dans le miel des prières. Asdrubal est l'homme que le Seigneur lui a envoyé, dit-elle. Maréchal secoue une cloche de verre et des neiges éternelles tombent sur une tour Eiffel. Man Ya raconte qu'elle s'est mariée à l'église, le Bondieu ne sera pas content de voir ce sacrement défait de par sa faute. Après ça, comment recevoir la communion et dire: «Je suis Madame Asdrubal!» Ses affaires, son linge? Ses quatre robes, corsages, jupes et jupons, qu'elle a fait coudre petit à petit en vendant café, bâtons-caco, huile *karapat*, cannelle, muscade. Maréchal apporte une réponse à toute chose, il promet une garde-robe, belle toile, belle soie. Tant pis pour le Bourreau! Il verra, mais trop tard, qu'il a perdu le trésor de sa vie... Et mon jardin? s'écrie Man Ya. Qui s'occupera de mon jardin? Et mes deux poules, mon cochon? Ne t'en fais pas, manman. Laisse tout cela. Tu as déjà peiné assez...

Man Ya reste trois jours, au secret, à l'Îlet Pérou dans une maison de bois et roches. Le soir, le voisinage entend le vieil Asdrubal rôder aux alentours. Il maudit la femelle, son fils traître et tous les Nègres qui sortent de France avec la tête lessivée par les idées des Blancs et leur soi-disant monde de justice. Un désordre de chaîne l'accompagne. Son fouet d'ancien géreur cravache la nuit. Une fois même, il tire un coup de feu, en l'air, avec son fusil de la guerre première. Les yeux du voisinage se dépendent des persiennes seulement quand les aller et virer du Bourreau ne crient plus sur le chemin de rocaille. On suppose qu'il finit sa nuit dans la savane, là-bas, où les têtes ébouriffées des sang-dragons font dans le couchant comme une armée zombie sous les ordres du gouverneur Asdrubal.

Les jambes faibles, le dos roide, les yeux serrés derrière un voile d'effroi, Julia embarque sur le paquebot transatlantique *Colombie*. Nous sommes là aussi, soudés autour d'elle, craignant à tout moment de voir le bougre abandonné se dresser devant nous, une verge à la main, les pieds chaussés des bottes en cuir raide qu'il use de coutume sur les flancs de Man Ya. Mon Dieu ! Faites que la simple évocation de son nom ne le matérialise pas et ne l'emporte pas en France dans les cales obscures du *Colombie* ! Ces visions terrifient. Même après les dix jours de traversée, toutes ces longueurs de mer détirées entre elle et lui, Julia garde une inquiétude au cœur et sursaute à tous les bruits de bottes.

Quand son pied touche le sol de France, elle fait un signe de croix, met un genou à terre, et puis pleure à tomber. Pourquoi l'a-t-on obligée à laisser son époux devant Dieu ? Non, elle ne relève pas les jupes pour danser comme elle devrait. Ne rit pas, ne chante pas. Elle n'est pas délivrée. Elle débarque tout juste en terre d'exil et cinq encablures de chaînes viennent d'être ajoutées à son existence. Elle pleure sur son pays perdu. Elle regrette déjà sa vie raide. Elle ne comprend pas pourquoi on l'a menée en France. Elle ne sait pas combien de temps elle devra rester là. Pour quel office ? Pour quelle mission ? Derrière les paroles longues de Maréchal, elle se dit que, peut-être, se cachent d'autres raisons... Les enfants. Mais elle a si peu à donner. Une grande amertume pour une si petite espérance.

À marcher sur une terre qui a tant saigné, à respirer en continu les relents des souffrances d'esclavage qui ne sont pas parties, comme ça, dans le vent de l'Abolition, à sucer l'os de la désespérance, faut comprendre la rage, aussi la peur. Et peser l'insignifiance des rires, les éclats de courage, la jalousie. On ne peut pas juger. Julia est déjà habituée à tout ça. Sa terre aimée l'a jetée combien de fois, et puis l'a ramassée. C'est là même qu'elle veut vivre, en Guadeloupe. Elle suppose qu'une malédiction pèse sur les Nègres. On a maudit cette race depuis le temps de l'Ancien Testament. Elle-même prie et croit. La promesse d'un meilleur demain vit en son cœur. Alors, elle aurait pu pâtir encore pendant cinq siècles des ruades du Bourreau. Le Bondieu à ses bords éclaire son existence. Elle a rien demandé à personne. Et elle pleure Asdrubal resté seul dans la case avec ses revenants et ses cauchemars, sa solitude et ses tourments.

Qui peut pister l'irrésolution du cœur des femmes ? Dans ce pays de froidure où le temps pressé domine l'homme, Julia ne croit pas que son bon ange l'ait quittée. Même si elle sent dans l'air d'ici quelque chose qui fausse les sourires, fouille en dedans, sape et démonte, elle présume qu'elle n'est pas là par la seule volonté de Maréchal. Alors, elle se dit que sa traversée doit être utile. Papa lui assure que nous sommes rendus dans un pays de grande civilisation. «Tu reviens de loin, dit-il. Délivrée de l'enfer et des damnations» et il lui fait comprendre qu'elle doit même se considérer comme une miraculée. Vaincue par les paroles, Julia dit oui, pour ne pas le dépiter. Mais son regard a changé soudain, s'est durci. Un court instant, elle apparaît comme une guerrière parée à conquérir la France. Elle mesure les hauteurs de béton, les fers déployés, toise les navires suintant d'une rouille ancienne, la route qui fend les champs, la route longue, et le ciel disparu. Le temps qui vient n'a rien d'inquiétant, se dit-elle. Les jours se présentent à l'unité : il suffit de les colleter l'un après l'autre, l'un après l'autre, l'un après l'autre...

Le temps de Guadeloupe ! Si peu de temps. J'avais cinq ans avant ce retour en France avec Man Ya. Nous, les enfants, avons passé ces quatre mois chez Manman et Papa Bouboule, nos grands-parents maternels...

Les souvenirs sont déparés ou volés à d'autres mémoires. Seules les photos glacées s'ouvrent sur des flaques de lumière. Le passé vit de l'autre côté des cadres dentelés. Par-delà, une marmaille qui ne grandira jamais continue à courir, à rire et à pleurer. Ces enfants-là n'aiment pas les cives et le piment leur brûle la bouche. Ils portent des petites culottes rayées rouges et bleues, en éponge. Bras et jambes en bobos, pauvres. Les moustiques-maringoins s'engouent de leur sang doux et les mangent à toute heure, surtout la nuit. Le matin, Man Bouboule donne un bain de feuillages qui apaise les grattelles. Élie et Rémi, ici! Là, c'est moi avec ma poupée noire. Aujourd'hui encore, j'enjambe le temps avec facilité pour retomber sitôt dans l'aise de mes cinq ans...

Se contenter d'un seul cliché, même si flou, raté, déchiré.

Reconstruire les heures éboulées.

Réinventer le soleil du jour.

Modeler les images qui viennent.

Défier les temps, les mêler, briser leurs cours.

... Sa canne à la main, Papa Bouboule, gros chabin à tête ronde et cheveux blancs, est assis sur la véranda. Derrière des branches de croton au feuillage vert-jaune et les fleurs rouges d'un hibiscus cagneux, il veille toute la sainte journée, songeant au temps d'avant...

Après la faillite, la boutique perdue, le faux enterrement, il ne vit plus clairement que la laideur du monde et son existence tomba dans une noirceur sans éclaircie. Un matin, une moitié de lui-même s'arrêta de vivre. Et il se retrouva pour le restant de ses jours, charroyant ce côté mort comme un soldat terrassé par un feu de la guerre, un ami-frère en quelque sorte qu'il ne se résignait pas à abandonner sur le bord de la route.

Papa Bouboule est amer et semble aigri après nous, les enfants, qui avons une vie neuve devant nous. Il ne comprend ni le ciel d'ici-là, ni les nuages qui tout soudain ont assombri son existence. Alors, il crie après tous les négrillons qui courent dans ses parages. Il nous terrorise et nous le terbolisons. Il nous veille, mais nous le veillons aussi. Son jeu préféré : faire semblant de sommeiller avec tout le tralala des ronflements. Un doigt sur la bouche, nous passons à la file, marchant sur la pointe de nos pieds nus. Le vieil homme ne dort jamais. Il n'a pas d'autre distraction : veiller les mouvements de chacun. Alors, il nous crochète les jambes avec sa canne. Nous voltigeons dans tous les coins et tant pis pour celui qui, tenu, doit – prix de sa libération – bégayer une longue explication, yeux dans yeux avec Papa Bouboule. Nous sommes des petits oiseaux qu'il se plaît à effaroucher. Nous ne sommes pas plus que les fourmis-folles qui cheminent le long de son pantalon et qu'il disperse avec des gestes ralentis.

Manman Bouboule, elle, se pose en maîtresse-femme. À tout moment, elle dit que son Émile est fait d'une pâte trop molle et que sa bonté l'a couillonné. Elle ressemble à une de ces vieilles Sioux d'Amérique qu'on verra plus tard dans les films d'Indiens et de cow-boys. Mulâtresse, sa peau est polie dans un cuivre rouge. Ses cheveux descendent jusqu'aux chevilles lorsque, la tête renversée sur le côté, assise dans sa berceuse, elle les coiffe et les tresse pendant un temps qui donne des nattes infinies qu'elle croise sur sa tête et maintient entre les dents de quatre peignes en écaille. Sur le dos de ses mains, des rivières vertes s'écoulent, mêlent leurs eaux et vont s'égarer entre les os raides de ses doigts aux ongles gris. Elle se tient debout, face à la vie qui vente sur elle.

Elle a perdu combien d'enfants... Son Joseph, à la guerre. Philogone, d'une maladie sans nom. Et sa fille aînée aussi, partie juste derrière son mari qui s'intéressait de trop à la politique. Ces deux-là ont laissé trois orphelins. Elle a perdu sa boutique de Goyave, une moitié de son Émile, sa manman, son papa, mais elle n'a jamais perdu son orgueil de mulâtresse et sa foi en Dieu. Elle élève ses petits-enfants, ceux d'une pauvre parente et aussi la marmaille d'une malheureuse voisine qui mange la misère. Comme Man Ya, elle va à l'église chaque dimanche, pas à Capesterre où la messe se dit trop vite, mais à Goyave son pays bien-aimé.

Elle avait avisé Émile de pas se compromettre, de pas signer pour ce bougre-là qui leur a fait voir le ventre de l'enfer et puis s'en est allé, dans un cercueil de comédie. Mais les hommes sont impressionnables et ils prennent pas le temps d'écouter la raison qui sort de la bouche des femmes. Un jour, tandis qu'Émile attend les huissiers, elle marche droit devant elle, une fille à chaque bras. Le soleil pète midi dans le mitan du ciel. Elle demande : « Seigneur ! qu'est-ce que Tu donnes à manger en ce jour ? » Elle s'assoit sur une roche au pied d'un arbre. Levant la tête, elle devine une branche qui offre sa grappe unique de mangos verts. Au même moment, un jeune bougre paraît, une gaule sur l'épaule. Elle le hèle. Et, sans parole, il cueille le déjeuner tout cru. Mais à quoi bon songer à ce temps-là... Elle va bailler son migan-fruit-à-pain à Papa Bouboule et crier les enfants de Daisy.

En temps ordinaire, et pour nous les enfants, passer devant Papa Bouboule relève de l'expédition. Mais à cette heure, il ne nous fait plus peur. Sa bouche s'ouvre, se ferme, bat l'air, puis happe la cuillerée que lui présente Man Bouboule. Sa canne repose entre ses jambes. Nous marchons d'un pas ferme, soldats d'une légion victorieuse. Il nous regarde par en bas, mais n'osera jamais nous crocheter devant notre grand-mère. Elle ne rigole pas à ces attrapes, prophétise jambes et bras cassés, pansements en sang, figures défigurées. Elle voit une confrérie de médecins, entend corner les ambulances et hume l'éther de l'hôpital au moindre pleur.

Pour le dîner, elle nous prépare une crème avec les bâtons de caco de Man Ya... «Ne restez pas dans la cuisine, mes enfants! Le feu est dangereux. Qu'est-ce que je vais dire à votre manman, moi, si vous sortez d'ici la peau du dos brûlée et les entrailles dehors!...» Elle tolère notre présence à l'entrée seulement. Alors, par ordre de grandeur, nos têtes déposées les unes sur les autres appuyées au chambranle, nous regardons ses mains qui procèdent avec une déférence mêlée de certitude. Le geste dose sans poids ni balance. D'abord, elle dépend une casserole démanchée au derrière noirci, un bout de tôle crevée de trous, rouillée, noire. Elle râpe le caco, ajoute un filet d'eau et puis remue, sans précipitation. Une vieille boîte à biscuits en fer-blanc garde cannelle, muscade, vanille. Elle casse un morceau de ceci, saupoudre une prise de cela. Avec son vieux couteau affilé, elle écorce un citron, lâche le zeste dans la préparation. Quand elle allume le feu, nous jetant des regards qui parlent sans paroles, nous reculons d'un pas. Trop petits, nous ne savons rien de ce qui mûrit dans la casserole. Mais un genre d'attraction nous oblige à rester quand même là, doucement enivrés par l'arôme du caco, à regarder les mains de Man Bouboule et la hauteur des flammes qui font une ronde autour des fesses cabossées de la pauvre casserole. Parfois, l'une d'elles monte soudain, cherchant un doigt. Man Bouboule ne crie ni ne saute, mais continue, imperturbable, à tourner mollement avec sa grande cuillère en bois, ajoutant à mesure-à mesure de l'eau, de la farine-France, jusqu'à ce que la crème prenne une épaisseur. Enfin, elle tapote la cuillère sur un plan de sa main, goûte d'un coup de langue, et puis se baisse pour éteindre le feu. Ce dernier geste nous autorise un pas dans la cuisine. Étour-

43

dis par l'odeur forte qui emplit la case, nous assemblons sur la table bols en faïence, pots, tasses-porcelaine, coupes, gobelets, timbales en fer. Elle y verse en douceur le chocolat qui fume. Il n'y a pas deux bols semblables, mais nous sommes confiants. Man Bouboule serre une mesure dans l'œil. Elle octroie à chacun selon la profondeur de son estomac et non la faim des yeux. Après cette opération, nous nous tenons au garde-à-vous. Elle nous toise de haut en bas. Et celui qui a montré sa sagesse, au long de la journée, gagne la faveur de gratter le fond de la casserole. Man Bouboule la lui remet avec cérémonie, tel un véritable ostensoir garni d'hosties bénites. Tout investi de gloire, l'ange du jour remercie, puis se retire avec son cher butin. Farouche, replié sur un ti-banc, pas trop loin des yeux de Man Bouboule, il embrasse sa casserole. Si la voracité domine la fierté, certains osent quémander une crasse de crème au sage. Par charité chrétienne – et parce que Man Boule le regarde – l'élu fourre rageusement dans les bouches sans fond une raclure du délice, pour qu'on lui fiche la paix. Seulement, on ne mendie pas deux fois. Il faut ensuite se contenter de l'odeur agaçante. Chaque coup de cuillère part en visite, ramène la vie dans une once brûlée qui colle aux dents, déloge des encoignures un serpentin de crème tremblotante engloutie sous nos yeux. L'engouement à gratter la casserole ne crie pas ici-là une faim quotidienne des héritiers de l'esclavage. Gagner le fond de la casserole du dessert – crème-maïs, vanille ou caco – révèle que l'existence se suffit de joies simples. Cela, tu ne peux le peser ni en or ni en argent, à la rigueur le troquer contre deux sucres à coco, une part de *doukoun*, les premiers pas dans un rêve de douceur. Le gratteur de casserole n'opère pas dans la précipitation. Il détire le temps du bonheur jusqu'à ce qu'une grande personne soit fatiguée d'entendre les cra-cracra de la cuillère et happe la casserole pour la mettre à tremper. Grâce à Dieu, la gloire ne dure pas une éternité. Sitôt dépossédé de son trésor, nous considérons le soi-disant sage comme un escroc vorace, un rustre usurpateur. Plus tard, en y songeant incidemment, une peine voile soudain nos yeux, un regret nous étreint. Jusqu'à résignation, le sentiment d'avoir perdu un rai de cette félicité nous défait les pensées. Car, quand même, la crème refroidie dans les bols, que tout le monde mange pour le dîner – petits et grands, couillons et savants –, n'a rien de comparable avec l'exquise crème brûlée du fond de la casserole.

La nuit arrive de par la mer. Assis sur la galerie de la case de Man Bouboule, nous l'attendons, les yeux papillonnant déjà. Sur l'autre versant, le soleil s'accroche dans les mornes. Tous les soirs, le soleil jure qu'il ne baissera pas les yeux, soutiendra pour l'éternité le regard des grands pieds-bois qui vivent dans le souvenir des hommes caraïbes et des Nègres marrons. Il ne veut pas disparaître et résiste, prétextant un dernier salut aux fleurs de paix des cannes à sucre, il rit comme rient les fanfarons, criant qu'il portera encore et encore des coups aux reins des femmes qui vont courbées au mitan des champs. Tandis qu'il perd ses premiers rais dans une ravine, il se débat toujours. Et tout comme ces gens fiers qui ne savent pas dire pardon, il raille dans l'agonie, puis sombre d'un coup, bourré par le ciel noir.

Je me souviens d'un jour finissant.

Je suis debout entre les cuisses de Man Boule, mendiant une histoire pour l'appétit de mes rêves.

45

Le jour périt, englouti par les mornes et les lames de la mer. Man Boule annonce – et je frémis – que la Guadeloupe connaîtra un jour le même destin. « … Une vague de la mer lui fera son affaire, fille. Une seule grosse vague. Pendant un temps, deux, trois siècles peut-être, des gens venus d'autres terres perdront leur âme à la chercher, soulevant chaque rouleau, chaque roche, le moindre grain du sable. D'antiques conques chuchoteront des paroles *si* bémol : promesses d'une cité sous les eaux, routes secrètes sans retour, royaume merveilleux d'un roi nègre. Des petits poissons d'argent enverront des bulles qui diront la dérade et le combat des Créoles au cœur du bouillonnement. Des savants, tout spécialement sortis de France, déploieront de vieilles cartes de feu Christophe Colomb. Ils querront la lumière dans les morceaux brisés des potiches caraïbes, et l'espérance dans les *kwi* et tous les feux éteints. Sûrement que, du fond des mers, on fera remonter les vaisseaux négriers et quantités de vieux os d'esclaves qui ne comprenaient pas pourquoi on les avait menés là, et ne voulaient ni vivre ni mourir sur une terre des Antilles. Les Antilles !… C'est pas les lentilles, non ! C'est comme des frères et sœurs, différents, mais d'une même famille. C'est Guadeloupe, Marie-Galante, Les Saintes… et aussi Sainte-Lucie, Martinique, Haïti, Dominique, et d'autres encore, de toutes dimensions. Des petits pays où on a déposé de tout un peu : maudition et sainteté, scélératesse et bonté, jalousie, belles femmes. Des méchants paradis où l'amour est rompu par la sorcellerie. Des terres sans devant ni derrière, sans endroit ni envers, bouleversées, chavirées. Le Seigneur a assemblé là toutes couleurs, langues, religions, nations, pour voir comment les gens allaient se comporter. Vivre ici-là, c'est comme qui dirait courir le monde entier sans voyager !

« J'aime ce pays-là, même s'il a porté mon Émile haut comme ça et puis l'a fessé à terre. C'est la jalousie qui l'a jeté. Mais il y a monter et descendre... Je pleure pas. Y en a qui fréquentent sorcier et Maliémin, d'autres prient l'or, la gloire, des dieux sans nom, moi je prie le Bondieu et ses Saints. Le seul mystère : c'est pourquoi nous sommes là, sur cette terre ? Et pourquoi nous allons mourir ? Dans cette vie, il y a monter et descendre, sans cesse recommencés. Alors, prends courage et patience... Tu sais, j'ai vu en rêve la Guadeloupe retrouver le ventre de la mer d'où elle était sortie. Et la mer, qui n'a pas de mémoire, était lisse de nouveau. Sans plage, ni rivage, ni pied-coco. Regarde ces mornes qui s'en vont dans la nuit ! Peut-être qu'un jour ils ne verront plus le soleil se coucher sur leur flanc et ce sera la nuit des fonds, le silence des poissons, le sel des larmes de l'homme. Seules les mouches à miel qui ont une langue longue comme ça pourront raconter la hauteur de la vague qui recouvrira ce pays. Mais qui entendra le langage de ces animaux-là ? Ma fille, viendra un siècle où les gens de ce monde n'élèveront plus leur âme. Les regards chercheront à courir au-delà même de l'horizon, sans prendre un rien de temps pour se poser au plus près. Les oreilles auront perdu l'écoute des signes soufflés par les créatures qui sont sur terre juste pour alerter et présager. Les gens ne verront pas les petites feuilles descendre-filer trop vite dans la rivière. Ils ne sentiront pas le sol se défaire sous leurs pieds. Ils n'entendront même pas la course des fourmis-folles. Non, il ne suffit pas de babiller. Il faut se nourrir de l'enseignement des ans, et apprendre à lire les pages des nuages, les humeurs du soleil, les dessins ronds du ciel... Un jour, crois-moi, cette Antille, qui nous porte à présent, ne sera pas plus qu'un canot perdu en pleine mer, ballotté, démâté, un pays évanoui qui vivra seulement dans les songes des Blancs, dans le souvenir des Créoles échappés en France ou en Amérique. Qui se souviendra de nous autres ?

– Moi, je m'en souviendrai, Man Bouboule !

– Oui, peut-être que tu seras parmi les rescapés... Oh, mais tout recommencera ailleurs, sur d'autres terres, parmi d'autres visages, après de grands bouleversements. Mais moi-même, assurément, je ne serai plus là... »

... Pour l'heure, avant l'accomplissement de ces terribles prophéties, le Bondieu commande simplement à la nuit de descendre sur la terre. Le ciel s'affaisse alors d'un coup, s'obscurcit, libérant toutes les ombres qui, le jour, serrent leurs corps loin des feux du soleil. Tandis que les cases ferment leurs portes une à une, le ciel ne dort que d'un œil. Il garde notre sommeil des diables et des esprits. Il expose les étoiles et convoque la lune. Ce soir, la lune est pleine. Elle porte la vie en son ventre. Malgré ses yeux peu sûrs, Man Bouboule soutient que Ti-Jean est là, en dedans de la lune... « Eh oui ! ma fille, il hale son poids de hardes sur le dos. Regarde bien ! Écoute ! Il hèle et demande son chemin aux étoiles. » Des fois, la lune représente le sourire d'un Nègre dans la nuit noire. « Vois, m'explique Man Boule, on a déjà mis les Nègres en esclavage, on les a piétinés, on leur a tranché les jarrets, on leur a fait comprendre qu'ils étaient pas plus que des animaux. Malgré toutes ces tribulations et quantités de mauvais traitements que tes oreilles ne peuvent pas entendre, les Nègres ont tenu. Et ce grand

48

sourire-là qui ornemente la nuit, c'est comme pour dire au monde que l'esprit est plus fort que la chair. Et que les rires des Nègres au mitan des tourmentes, c'est la force de l'esprit sur les douleurs du corps… »

Mais il ne faut pas rester tard, le nez en l'air, à défier ceux qui, la nuit tombée, profèrent des mots d'enfer, retirent leur peau d'humain et se changent en volants pour pondre les œufs du pire dans la fondeur des cases. Man Bouboule se lève précipitamment, ferme portes et fenêtres tout en mâchonnant un Notre Père qui êtes aux cieux… Mon Dieu! Faites que les créatures infernales épargnent les croyants véridiques! Mon Dieu! Protégez-nous des soucougnans!… Sur tables et buffets, les lumières jaunes des lampes à pétrole tremblent dans des colonnes de fumée noire. Les grands arriment à terre les sept matelas qui dorment les uns sur les autres, toute la journée, sur le lit en bois-rose de Man Bouboule. Nous nous jetons dessus et bataillons dans les draps en sacs de farine-France. Le sommeil est déjà dans nos yeux… Allez faire pipi, les enfants! Un par un! Et récitez vos prières! Et dites un ti-bonsoir à Pa Bouboule! Et dodo, s'il vous plaît, messieurs et dames!… Couchés, nous donnons encore une, deux bourrades molles, tirons les draps et marmonnons, tout en bâillant, les tenants et les aboutissants d'une manœuvre qui nous permettra d'échapper le lendemain à la canne de Pa Bouboule. Et puis les mâchoires se démontent davantage entre les paroles. Les mots tombent comme les perles d'un collier défait. Les mots roulent, disparaissent dans les plis du drap et les fentes du plancher. Une petite bave luit au coin des lèvres. Un moustique profitant se dépose sur un front. Je résiste au sommeil. Je n'aime déjà pas succomber à cet effondrement. Le sommeil est plus fort que la mort. Il transporte dans un monde inconnu qui couve à l'intérieur. Il déterre et ressuscite les temps oubliés, les vieilles blessures et les peurs sans visage. Il pose en spectateur, mutile, saigne, écartèle.

Armée de sa bougie qui fend la noirceur, Man Bouboule va éteindre la grosse lampe du buffet. À cette heure, ses pieds traînent un peu. Merci, mon Dieu, la journée n'a pas vu de malheurs ! pense-t-elle. Son ombre se détache sur la porte de sa chambre entrouverte. Assise sur son lit, elle retire ses peignes et coiffe ses grands cheveux. Sa blouse qui collectionne les épingles à nourrice, sa robe, puis sa chemise tombent l'une derrière l'autre sur la couche. Elle enfile une casaque de nuit toute parée de dentelles fripées et, la tête inclinée dévotement sur sa poitrine, fait un signe de croix qui s'achève en soupir.

La nuit n'est jamais pleine dans la case de Man Bouboule. Une bougie défie la noirceur sur une table de chevet. Sa lumière guide les pas jusqu'à la tinette qu'on découvre et recouvre avec mille précautions. Tandis qu'alentour les choses ordinaires deviennent des ombres sans nom à figures allongées et dents grinçantes, le moindre bruit charrie des suppositions infernales. Non, la nuit ne démâte jamais au mitan d'un silence immaculé. Un parler Chuchuchu de grandes personnes habille les ombres qui deviennent cinéma. Les cris d'un mauvais rêve d'enfant se cognent aux tôles croassantes. Deux doigts d'un petit vent battent en cadence aux fenêtres barrées. L'horloge, sans fatiguer, pile le temps. À la cuisine, une famille-souris dîne des restants d'un manger oublié. Des chats se poursuivent sur le toit. Une ramée de chiens vagabonds montent et descendent la rue en jappant solitude. La pluie déboule soudain, frappe la tôle, et son fracas, au-dessus de nos têtes, nous fait étreindre les draps et nous serrer plus fort les uns contre les autres. Nous sommes à l'abri, Dieu merci. Derrière la porte, les soucougnans, diablesses, vieux volants ont le droit de s'étriper, s'empaler, se pourfendre. Dehors, les grandes ailes du mal peuvent recouvrir le monde. Et les hommes qui invoquent Belzébuth sont libres de se changer en chien, bœuf ou cheval. Nous-mêmes sommes sous la protection du Bondieu, de son fils unique, des saints apôtres et de l'ange Gabriel, les gentils. Dans des cadres dorés, immortalisés sur les images accrochées aux murs, ils sont là, amour. Ils terrassent les démons noirs, aux longs ongles crochus, pieds fourchus, cornes sur le front et queue plantée dans le derrière. Pas un seul des anges déchus ne pourra forcer la porte de Man Bouboule. Pas un seul des suppôts de Satan ne pourra vaincre ses prières. Je prends sommeil dans cette certitude.

Au matin, à l'heure où les innommables vont reprendre figure humaine, Man Bouboule cherche du pied ses sandales. Un foulard couvre déjà sa tête. Elle s'en va sur le pont déverser le contenu du vase de nuit dans les eaux du canal. Des ombres passent, se croisent sans se saluer, furtives, déhanchées, boscotes, encombrées de leurs baquets puants. Bientôt le jour va s'ouvrir en grand. Avant qu'elle nous revienne, les odeurs sont déjà remontées dans le vent de la mer, elles nous tirent du sommeil. C'est ainsi chaque matin... et pire encore si un lever tardif a surpris une case. Au vu et au su de tous, un mécréant doit courir, chemise au vent, cheveux en friche, yeux chassieux, pour basculer son vase sous le pont. Un opprobre magistral escorte son retour, car les effluves, qu'on devra endurer plus tard encore dans la matinée, le devancent déjà. Pestilences.

Les cinq ministères
de Man Ya

L'armée

Elle ne comprend pas pourquoi on l'a menée en France.

Elle ne sait pas combien de temps elle devra rester là.

Pour quel office ?

Pour quelle mission ?

La tâche est rude, indéfinie. Et la France, pour Julia, c'est avant tout Tribulations et Emmerdations Associées...

Elle dit : « Mon Dieu, la froidure entre dans la chair et perce jusqu'aux os. Tous ces Blancs-là comprennent pas mon parler. Et cette façon qu'ils ont à me regarder comme si j'étais une créature sortie de la côte de Lucifer. Faut voir ça pour le croire. À mon retour en Guadeloupe, je raconterai à Léa que Là-Bas, la France, c'est un pays de désolation. »

Elle dit : « Les pieds-bois n'ont pas de feuilles et le ciel pas de couleur. Quant au soleil ! C'est pas mieux qu'un gros cochon fainéant levé de mauvaise grâce. Qu'est-ce que vous voulez faire dans un endroit comme ça ! Mais pourquoi on m'a pas laissée en Guadeloupe ? Non, j'ai rien demandé. Par des fois, il se trouve des personnes qui chavirent le destin. Mais, mon Dieu, Tu es témoin, j'ai jamais voulu délaisser Monsieur Asdrubal. Je priais seulement pour que la paix descende sur son âme et que les morts de la guerre viennent pas le poursuivre jusque dans son sommeil. Et même si je le criais Bourreau. Et même s'il me baillait rien d'autre que des coups. Est-ce qu'on avait besoin de mettre cette quantité de mers entre lui et moi ? Combien de jours de traversée… À voir rien que la mer. À naviguer comme qui dirait Noé dans le déluge à la recherche d'une terre. Mon Dieu ! Quel jour je vais retourner ? Tellement de mers qu'on peut pas le concevoir. J'ai sauvé un pot de café, ça tout seul. Un pot de café vert. Personne m'a dit quand je vais retourner. Mais c'est sûr, un jour, je vais retourner chez moi. À voir rien que la mer… À se demander si y a vraiment une terre qui porte un genre humain, si loin, derrière le dos du Bondieu. Qui donc va fendre ma vanille, qui donc, Seigneur… »

Avant de gagner Paris, la famille habite un village de la Sarthe. L'hiver est raide cette année-là. À Aubigné-Racan, dans notre vieille maison de pierre, le poêle ne chante ni ne ronronne. Il mange des seaux et des seaux de charbon, mais sa chaleur est piètre. Nous tournons à l'entour avec, dessous nos pull-overs, des épaisseurs de papier journal censées garder la chaleur dans nos corps. Las, toutes les ruses du monde ne viennent pas à bout de ce grand froid. Le soir, on fourre au pied des lits des briques rouges et chaudes enveloppées dans le même papier. En ce terrible hiver, je suis la seule fille de ma manman – Lisa est restée en Guadeloupe et Suzy n'est pas encore née. Je dors avec Man Ya, dans un grand lit en fer forgé, sous deux draps et trois couvertures. Corps bois-flot ajusté au sien qui pèse et éboule le matelas, pieds soudés à ses jambes tièdes, tête fouissant dessous son bras, là seulement où la chaleur défait ses amarres. Malgré toutes ces dispositions, le froid veille mes gestes et retient ma chair dans ses griffes. Sur le carreau glacé tout près de mes chaussons, derrière la vitre qui blêmit à mesure, dans l'air, l'eau, les murs de pierre, le froid est partout. Si je ne bouge pas, il m'oublie le temps d'un rond d'étoiles. Le sommeil en embuscade surgit alors au grand galop, pareil à un cavalier noir échappé des troupes sataniques – de celles que combat l'archange Gabriel au-dessus de la porte de Man Bouboule. Il me jette dans un fond sans retour. Je me dévide de mes forces. Je dévale des hauteurs de ravine. Je roule, déboule, coule, soûle. Je ne finis pas de tomber. Alors, je crie, sans voix. Je vais mourir et ce sera fini. Une, deux larmes, impuissance et renoncement, mouillent ma figure. Je pleure jusqu'à ce que Man Ya entre dans mon cirque, me secoue pour me tirer de là et dise : «*Pa pléré ti moun! Ou ké sové! Pa pléré!*»

Rémi, Élie et moi-même, sommes inscrits à l'école communale...

Il existait quelques photos de ce vieux temps. Personne ne s'y intéressait. Si le cyclone Hugo ne les avait pas emportées, elles seraient toujours là, sous la tôle, à prendre la poussière dans un galetas, parmi des embarras de linges démodés, toiles cannies, vieilles malles cerclées, ballots de France-Antilles défraîchis. J'étais la seule négrillonne parmi tous les petits Blancs en tablier gris. Sur l'ardoise noire que tenait l'un d'eux, on lisait : Année scolaire 1961-1962.

Il est bon de revenir sur ces traces anciennes même si pilées cent fois. Au début, quand tu chemines là, tout n'est qu'enchantement. Et puis, d'un coup, tu rentres dans des bois inconnus oppressants qui barrent même le regard du soleil. En un petit moment, tu comprends que tu n'as jamais su quelle personne tu étais, ce que tu es venue chercher sur cette terre. Tu suspends ta vie aux grosses lianes que te jettent des arbres. Tu cours, tu vas. Des feuilles mortes crient sous tes pieds. Tu ramasses des cailloux pour gagner ta maison, ta famille perdue. Est-ce qu'ils t'ont abandonnée? Tu ne sais pas. Une rivière t'appelle. Tu veux la remonter, marcher dans ses eaux tout entravées de roches. Tomber. Te relever. Et puis, te laisser emporter.

Premier jour d'école. Je ne pleure pas en arrivant. Je suis venue apprendre. Je me tiens droite, j'écoute. Lire et écrire, c'est entrer enfin dans le monde des livres, catalogues, cartes postales et listes de commissions. Les après-midi, manman tricote ou bien lit des romans. Elle sourit aux lignes alignées. À la fin, elle verse parfois des larmes. Les lettres réunies d'une certaine façon ont un pouvoir sur elle. Et même refermé, le livre n'est jamais un objet comme un autre. Elle y songe avec émoi. Dérangée dans sa lecture, son regard nous traverse comme si elle poursuivait des mondes où vivre et mourir transporte et désespère d'une manière exaltante. J'ai faim du même émoi. Je reconnais déjà quelques lettres, mais une quantité d'autres marinent dans un mystère. Je veux apprendre. Comme Rémi qui fait le grand monsieur. Chaque soir, il blesse nos oreilles, jetant des mots hachés. Personne n'entend rien à ses histoires ânonnées, sauf manman qui le porte en triomphe.

Assise au troisième rang, j'écoute la maîtresse. Elle sourit à la ronde, et puis nous soumet les

clés de la réussite : TRAVAIL et DISCIPLINE.
Deux plis barrent maintenant son front. Son
bras monte et descend. Sa main fait des détours.
Et les lettres apparaissent, au fur et à mesure, à
volonté, en boucles et ronds, pleins et déliés obs-
curs. Chaque forme porte un nom. Quand la
règle en désigne une, la bouche de la dame en
prend aussitôt possession. La lettre saute sur sa
langue. Elle en crache d'abord des petits morceaux : *be-be-be* ! Autant qu'il en faut pour nous
tous. Nous reprenons avec elle : *be-be-be* ! La lettre
a saveur de connaissance. Chaque son est une
évocation... *ba*-teau ! *ba*-llon ! *be-be-be* ! *boubou*-
le ! Manman *bou-bou*-le !...

Mais la cloche sonne déjà. Manman m'attend
devant le grand portail de l'école. Elle a amené
la neige avec elle. Rémi lui tient une main. Tandis que nos pas écrivent dans la neige, je raconte
avec fièvre les lettres et tout l'art de les dire.
J'explique à manman qu'à chaque instant, elle-
même DIT des lettres. Les lettres sont partout !...
Manman s'extasie. Je n'ai pas faim, sinon de
lettres. Vite repartir, braver le froid, traverser la
place de l'église et gagner l'école. Et deux jours
passent ainsi dans la magie de l'écriture. Mon
crayon est plus pressé que moi. Il branle entre
mes doigts.

« Ouvrez vos cahiers ! dit la maîtresse. Écrivez
le-le-le ! »

Elle refait encore et encore la même bouclette,
monte doucement, un peu de biais, tourne-tourne,
et puis elle redescend, en pesant sur la craie. *Le-
le-le* ! Il faut emprisonner le *le* derrière les bar-
reaux d'une geôle, derrière les grands traits bleus
tendus sur papier blanc. Pas un seul cheveu du
le ne doit dépasser. Les enfants peinent, langue
tirée jusqu'au menton. Une règle à la main, la

maîtresse passe dans les travées. Je m'apprête à recommencer une seconde rangée de *le* lorsqu'elle arrive à ma hauteur, tire mon cahier, me regarde, regarde mes écritures, me regarde encore une fois et puis s'écrie : « Les enfants ! La Noire a déjà fini sa copie ! Alors, vous pouvez le faire aussi ! » Ses doigts enjôlent mes tresses tandis que j'avale l'éloge qui caresse ma gorge comme un sucre d'orge. Elle m'envoie au tableau noir. Je crois que ses faveurs me sont acquises. Les yeux luisants de reconnaissance, je m'entends déjà raconter à manman de quelle façon je me suis distinguée d'entre tous. Je souris aux douceurs de la vie. Autour de moi, cheveux mal peignés, yeux bleus éteints, les enfants attendent dans une insignifiance béate ; on dit que, le matin, ils boivent du cidre au lieu d'un bol de lait. Ma main est un petit animal que j'ai domestiqué bien vite. J'en fais ce que je veux. Monter, monter, tourrrner, et descendre. Encore un *le*. Monter, monter, tourrrner et descendre *le le le*.

Et voici venu le moment où mes yeux, ma bouche s'ouvrent en grand, où mon front se plisse. Là, je comprends que les grandes personnes portent des masques et que les tapes amicales sur la tête devancent souvent des coups de règle sur les doigts. La maîtresse s'est transformée en méchante fée, tout droit sortie d'un de ces livres d'images que manman distribue aux braves qui ne lui ont pas fait honte, ceux-là – rares comme les bonnes pensées – qui ont su tenir pleurs et cris face à la monstrueuse piqûre des vaccinations. La dame avance sur moi. La rage démonte son visage. L'intérêt des enfants se lève un peu. Elle happe une toile qu'elle secoue, outragée. Une poussière de craie voltige sur ma figure. Elle frotte le tableau pour effacer à jamais l'immonde représentation. Qu'ai-je fait de mal?...

Ailleurs, à cette heure, il y a sûrement des enfants qui dansent sous la pluie. Des enfants qu'on appelle *ti moun* et qui vont pieds nus pour le bonheur de sentir la terre molle sous leurs pieds.

À cette heure, loin d'ici, se trouvent peut-être des cerfs-volants qui fendent le ciel et les nuages. Des enfants qui boivent l'eau du même coco, qui babillent à l'entour d'un cornet de pistaches grillées.

Loin d'ici, au bourg de Capesterre-Guadeloupe, Pa Bouboule doit veiller le mouvement du monde et dérouter les fourmis-folles pour donner nourriture au temps qui délibère.

Au bourg de Capesterre-Guadeloupe, le jour a dû s'arrêter au mitan de cette après-midi. Un deux chapeaux de paille vont quand même sous le soleil. Une belle donzelle marche, roulant des hanches, dans l'ombre d'un parasol. Sa robe est rouge et verte. Sur la place de l'église des chiens sans caresse lèchent leurs vieilles blessures. Des pêcheurs jettent des poissons volants dans les paniers offerts. Sur le marché, des marchandes rassemblent cives, lots de piments, légumes et racines. À l'école Amédée-Fengarol se trouve peut-être un enfant, debout comme moi, qui attend...

Derrière les carreaux, la neige ne cesse de tomber. Si la cloche sonnait... Mon Dieu, faites que la cloche sonne !

«D'abord, on n'est pas chez les Arabes ici ! tempête l'institutrice. On n'écrit pas de droite à gauche ! Secundo ! cette main-là, cette patte gauche, n'est pas la main de l'écriture ! Tu la gardes à plat sur ton cahier ! Et pour que tu n'oublies pas, avance la main ! Non ! l'autre ! Tiens ! Tiens !... »

Ma main habile se retire deux fois avant d'être touchée. Elle se ferme et s'échappe, brûlée par le feu de la règle. Je ne te dirai pas que mon poing, serré derrière mon dos, rendait ses coups à l'institutrice et puis boxait l'indifférence qui coiffait tous les enfants assemblés là. Mais, quand même, sache qu'il était frémissement de révolte. Je le gardai fermé jusqu'au soir.

Manman écoute l'histoire complète : *La Noire à la patte gauche au pays des Arabes et le calvaire des coups de règle.* Elle pousse des soupirs et promet d'aller éclaircir cette affaire le lendemain même. Elle m'apprend que les Arabes vivent dans les déserts et jure qu'être noire, et gauchère à la fois, c'est pas grave, c'est pas grave... Pour conjurer ces deux états, y a qu'un remède : être la première de la classe.

Le lendemain, Manman parle à la maîtresse qui sourit et acquiesce et puis ne me considère plus jusqu'à la fin de l'année. Je deviens la Noire invisible. Tant pis, j'apprends quand même à lire et à écrire de gauche à droite en faisant des comédies de pleins et déliés. Tant pis si son regard passe sur moi sans me voir, si les enfants me tiennent à l'écart. Je sais lire et je lis tout ce que je rencontre. Papa achète tous les livres des représentants : trente et quelques volumes d'Encyclopédie, dix collections reliées, des piles d'œuvres complètes et des romans brochés. Les livres et tous les personnages qui les habitent me parlent, me laissent entrer dans leurs conversations. À sept ans, je lis des pages de *La Princesse de Clèves*, des *Fleurs du Mal*, des *Liaisons dangereuses*, des *Histoires extraordinaires* d'Edgar Allan Poe, des

Lettres de mon moulin… et quantité d'autres titres qui ont laissé leur encrage dans ma mémoire. Ces livres-là ne traînent pas au vu de tous. Ils rassissent au grenier, certains dans des cartons, d'autres enfermés dans une cage spéciale fermée à clé. La clé est sur la porte. Mes dimanches après-midi s'épuisent à ces lectures. Manman tricote pour l'hiver prochain. Je monte au grenier. Je ne comprends pas tout ce que je lis. Mais je souris aux phrases, j'ai le sentiment de piéter dans un chemin d'écrits défendus fréquentés par de singuliers personnages. L'odeur du vieux papier emplit le grenier. Parfois, je lis dans l'inquiétude. Mon cœur bat fort et saute aux cris du plancher, au silence qui pèse et m'étreint soudain. Je vole les mots. Je dépouille les livres. Combien d'yeux avant moi ont pillé ces mêmes pages ? Je dérobe les histoires. Je soutire les confidences. Je fends ma cervelle à percer le secret de lettres compliquées. Je lis, éperdument.

Je souris quand la maîtresse dépose son indifférence sur mes épaules. Je n'ai pas besoin de son regard pour vivre et grandir. Je me dis que la marquise de Merteuil et la princesse de Clèves ont et cætera de temps à vivre. Même si le papier jaunit et se tache de vieillesse, ces dames resteront belles. Elles se fichent bien de ceux qui ne lèvent pas les yeux sur leurs vies. La mort n'est rien pour elles. Alors, même si cette maîtresse ne me voit pas, je veux croire que d'autres me verront, m'entendront, m'aimeront. Je laisse mon corps sur le banc raide et mon esprit s'enfuit. Je suis un livre fermé bourré d'aventurières, de sorcières, où l'or, l'amour et la beauté se conjuguent sur tous les temps. Un livre qui ouvrirait des mondes fantasmagoriques, comiques et cruels comme la vie. Je suis un grand oiseau, je vole vers un pays où toutes variétés de personnes vivent ensemble : Gauchers, Arabes, Noirs, Chinois, Blancs, Africains, Marquise et Princesse, Droitiers, Cow-Boys et Indiens. Gens des villes et des champs… Je suis une mouche à miel zon-on-on ! Je tourne autour de la tête de la dame scélérate. Je me galonne générale en chef, la dictée écrite au tableau est sous mes ordres. À mon commandement, les mots se défont. Chaque lettre devient arme, instrument de torture. Les *l* sont des lassos. Les *i* lancent leurs points comme des boulets de canon. Les *t* sont des couteaux tranchants. Les *u*, des tinettes qu'on n'a pas vidées depuis un siècle de temps. Une bande de *a*, se tenant par la main, fait une chaîne autour du cou de la sorcière, la hale et puis la jette dans les eaux sales des *u*.

Je n'ai que peu mémoire de Man Ya durant ces temps d'hiver. Elle souffre de la froidure et reste prostrée près du gros poêle, toute la journée. La tête enfoncée dans son cou, bras croisés sur son gilet qui presse ses gros tétés, elle parle peu. Loin en pensée, ses yeux restent pendus ailleurs, sans nous voir. Nous ne la connaissons guère. Nous la considérons comme une créature d'un autre temps, si vieille, avec des manières brusques. En Guadeloupe, on nous avait laissés auprès de Man et de Pa Bouboule. Man Ya, nous l'avons vue deux, trois fois avant la traversée. Man Bouboule nous causait en français, Man Ya ne dit que le créole. Elle ne sait pas rire et nous parle si peu.

Elle dit : « Mon Dieu ! Tu m'as envoyée ici-là, que Ta volonté soit faite ! Je suis Ta servante. Tu es témoin, j'ai rien demandé à personne. J'ai jamais voulu laisser Asdrubal. Et ma case et mes animaux, mon jardin, ma vanille. Je T'ai juste prié chaque jour pour que le Bourreau quitte le genre animal, que les esprits lui donnent une faveur de dormir sa nuit pleine. Je suis pas une négresse qui pleure, Tu sais ça bien. Tu as mis des mers et des mers entre lui et moi. Je sais pas pourquoi. Ces enfants-là me regardent comme une bête curieuse. Toute la sainte journée, ils parlent RRRR dans leur bouche. Je comprends pas leur langue. Et y a que des Blancs en France. Et je comprends pas pourquoi des Nègres vont se perdre dans ce pays-là. »

Elle, qui n'a jamais su gâcher son temps dans la fainéantise, doit rester assise, enfermée, jusqu'au soir. À la même place, comme les vieilles d'ici, condamnée à ruminer sa vie, à réfléchir à son destin détourné. En punition de quoi, mon Dieu ! Pour quel péché ! On finira bien par le lui révéler. Elle connaît rien de ce pays. Alors, elle fait tout comme on lui dit : Porter des chaussettes kaki (de l'armée française) et des charentaises marron. Faut pas prendre froid. Rester à côté du poêle pour se reposer des années de labeur et misère. Boire. Manger. On veut tout pour le bien de son corps. Mais on donne pas nourriture à son esprit qui ne cesse de tourner les pensées et sombrer dans la peine. Et attendre. Attendre cette histoire de beaux jours l'use à moitié. Daisy l'a promis : le soleil d'ici donnera bientôt la même chaleur qu'au Pays. Alors Julia attend. Elle n'y croit déjà plus lorsqu'il arrive en bourgeons dans les branches des arbres.

Printemps la sort de sa prostration. Elle croit que son purgatoire est terminé. Elle regarde le ciel, le voit bleu. Le soleil sur sa peau souffle des paroles chaudes. Elle pense qu'il sera là tous les jours à venir. Sûrement qu'il faut passer par ce temps de froidure, le vivre comme une épreuve. Elle remercie Bondieu de cette faveur. Et, puisqu'elle doit désormais se tenir debout sur cette terre-là, elle nous prend en main et jette subitement toutes ses forces dans un grand nettoyage. Elle voudrait nous voir manifester le même contentement à ces travaux forcés. Personne n'est épargné. Exposer les matelas au soleil. Déverser des quantités d'eaux dans la maison. Brosser, récurer et frotter tout ce qu'on rencontre. «Il fait soleil, merci, mon Dieu! *Sé ti moun la, travay!*» dit-elle. La suée du travail lui agrée. Son engouement nous accable.

Curer, propreter, lessiver, décrasser, voilà les quatre bords de son univers, la solution à tous les maux. Assise sur un ti-banc au milieu de la cour, une bassine entre les jambes, elle entreprend des lessivages interminables, se plaît à déployer le linge sur le portail de bois et habiller les branches des arbres. Et manman a beau répéter qu'ici, en France, on ne procède pas ainsi, on suspend les effets sur une ligne tendue, Man Ya n'entend rien. Elle aime voir s'envoler chemises, robes et pantalons habités par le vent. Sa joie grossit encore lorsqu'elle découvre le jardin. Il soupire et pleure sous la touffeur de trois hauteurs de mauvaises herbes. Les deux pieds dans des bottines militaires, le corps ployé, comme au chevet d'un grand malade, Man Ya déracine, sème, arrose et veille l'ascension des jeunes plants. Manier la terre, la tourner, la sentir entre ses doigts, l'exalte. Elle fait sienne cette terre. Les traits de son visage disent la sérénité. Elle oublie ses doigts rendus gourds par le froid, le coton-flot glacé tombé durant l'hiver, la froidure et ses os transpercés, la brique rouge dans la couche. Elle gagne une autre dimension. L'arbre de vie qui croît au mitan de son estomac pour retenir son cœur, comme un nid dans ses branches, sourit et fait des fleurs. Carottes, laitues, navets, pois tendres, tomates croissent d'une manière prodigieuse. Le travail de la terre lui donne vie, la sustente.

Elle dit : « Tu as créé toutes terres, mon Dieu, et les cieux et les mers. Et toutes créatures qui vivent dans l'espérance de la résurrection. Eh ben, si Tu as voulu me conduire en ces lieux, je Te rends grâce. Tu connais Tes raisons. Souviens-Toi seulement d'Asdrubal. Épargne-le, Seigneur. Et songe aussi à ces enfants-là qui grignent en voyant mes deux mains dans la terre. Je ne demande rien pour moi, seulement la force de comprendre ce pays. Seulement la force de pas mollir avant de retourner… »

Debout aux premières heures, elle se tient en mouvement jusqu'à soleil couché. Passer un balai, préparer une soupe, récurer un canari, frotter, laver, repasser. Nous-mêmes bâillons et détirons nos corps sous l'ombrage du travail que Man Ya s'entête à dénicher en tous lieux, à toute heure. Le temps cependant nous apprend à la mieux connaître. Son parler créole nous semble moins obscur. Ses manières un peu rustres, ses mimiques et ses gestes nous deviennent familiers. Elle nous étonne sans cesse par la façon qu'elle a de balancer chaque jour neuf sur ses épaules comme une charge qu'il faudra bien porter, quoi qu'il en coûte, et mener jusqu'au soir, sans gémir.

Elle dit : « Bondieu, tu m'as donné deux mains pour te glorifier. Je crains pas le travail. J'ai pas peur d'user mon corps, non. Tu m'as conduite ici. J'ai vu que ce pays donne du soleil aussi. Eh ben, je fais comme si j'étais là-bas, à Routhiers. Pleurer c'est pas une solution. Je suis en santé, merci, Seigneur. Je Te demande seulement de prendre Asdrubal sous Ta protection, de pas laisser Satan déposer des entraves sur sa route. Ici, y a ni vanille, ni pied-café, ni pied-caco. Mais, je désespère pas. La terre est là quand même, pareille. Et y a ces enfants-là à éduquer pour Daisy et Maréchal. »

À mesure-à mesure, nous comprenons que Man Ya n'est pas une personne ordinaire, molle et tiède et posée, comme on en voit ici. Elle donne la meilleure part d'elle-même à chaque parole, pensée, action. Et puis elle se révèle dans toute sa gloire lors de grandes manœuvres, héroïques...

C'est encore le printemps. Rémi et moi allons maintenant seuls entre l'école et la maison. En ce jour, manman est partie en auto, au Mans, avec Élie et cousine Emma. Man Ya est assise auprès de la porte de la cuisine. Elle épluche des légumes pour la soupe du soir.

En pensée, Man Ya est déjà rendue à la porte de sa case, à Routhiers. Une balle de café vert sur la tête, elle songe au triste sire. De dépit, peut-être joue-t-il sa pension dans un bar à cette heure ?... L'esprit de Man Ya a coutume de monter et descendre ainsi entre Guadeloupe et France. Ce n'est pas une affaire pour elle. Même si son corps est condamné à rester ici-là, ça ne change rien. Il lui suffit de rentrer dans les profondeurs qu'elle couve au mitan de son âme. Elle revoit Asdrubal à son retour de France, en 1928, l'année même du mauvais cyclone. Beau en tenue militaire, grand, mulâtre à yeux clairs et cheveux crantés.

Pendant ses campagnes, le coquin envoyait des

lettres où les flammes de l'amour flattaient le cœur de Julia. Il annonçait une vie de délices, des promenades bras dessus, bras dessous. Il promettait une case neuve où nicher leurs étreintes. Monsieur disait rêver d'elle, sa Julia adorée entre toutes les femmes, négresse sans gamme ni dièse ni *do ré si* bémol. Il demandait pardon pour les jours anciens, le temps où il la rossait, par jeunesse et bêtise. Belles paroles mon Asdrubal ! Tu as toujours su voltiger et faire briller le français sur papier. Et je restais là, crois-moi, grande couillonne médaillée couronnée, à écouter la lecture de toutes ces menteries et fariboles. Et j'ai rêvé de ton retour Asdrubal. Je t'ai espéré. Mais quand tu es revenu, ton regard était plus affilé qu'un sabre, tu m'as taillée en pièces. Et ton souffle est passé sur moi pareil au vent cruel qui venait juste de jeter à terre tout ce que portait le pays. Voilà l'époux qui m'était revenu ! voilà le miel et les douceurs, le Bourreau, ses coups, ses pompes, ses œuvres et sa malédiction… Qu'est-ce je vais mettre à cuire avec ces légumes-là, ce sera pas suffisant pour Asdrubal. Ce café, je vais le griller tantôt. Avant ça, il faut donner à manger aux poules. Après, je dois cueillir le corossol mature que j'ai vu ce matin…

La pluie arrive d'un coup.

Man Ya dépose au même moment la pensée du vieil Asdrubal, renferme les légumes dans ses jupes et gagne la cuisine. Les enfants vont bientôt sortir de l'école et rencontrer la pluie. Ils prendront froid tandis qu'elle cache son corps. Mais quelle heure est-il donc ? Sombrée dans ses réflexions, elle n'a pas compté les coups de cloche de l'église d'Aubigné. Sur le buffet, la pendule pointe ses flèches. Julia connaît les chiffres, la monnaie, l'argent-papier. Mais elle ne lit pas l'heure. La pluie fouaille enragée et Daisy n'est pas là. Si les enfants reviennent sans manteaux, ils seront tout détrempés, un flume sur l'estomac. Et il n'y a rien pour soigner ici, ni fleurs de papayer, ni miel, ni romarin. Elle a vu Daisy ranger tous les manteaux dans les cantines qui partiront devant pour Paris où l'armée a donné un logement. Elle les rassemble à la course, revêt elle-même le lourd manteau militaire de son fils et se coiffe en chemin du képi noir galonné d'or.

Elle traverse la place au pas de charge. La pluie bat son visage. Quelle heure est-il ? Le ciel d'ici ne le dit pas. Les rues sont vides. Des fenêtres à petits carreaux découpent les figures blêmes et plissées de vieilles paysannes qui n'ont rien d'autre à faire que regarder tomber la pluie en mâchonnant leurs dents usées. Man Ya les salue d'un signe de tête. Elle ne parle pas français mais elle connaît la politesse. Ça ne fait rien si on ne lui rend pas son bonjour, si les gens la regardent étrangement. Une voiture la dépasse, l'éclabousse. Le chauffeur la toise d'un air de grand couillon. Man Ya le salue quand même. Elle a de l'éducation. De toute façon, son esprit n'est pas tourmenté par les Blancs. Elle a déjà remarqué que cette race est drôlesse. Ces gens-là aiment à se manier les uns les autres. Ils se donnent par quatre embrassades, et puis se complimentent, se sourient et s'asseyent pour causer un temps sans fin. Deux dames blanches viennent des fois rendre visite à Daisy. Man Ya écoute leur babillage incessant qui fait parfois dans sa tête comme un *rara* de la semaine sainte. Elles parlent et tricotent, un maille à l'endroit une maille à l'envers et ceci cela, point mousse et jersey, patati patata, et dis donc voilà, quel beau temps, n'est-ce pas...

La pluie s'en va en petites rivières dans le dalot. Il n'y a personne près du portail de l'école. Man Ya attend. Combien de temps lui faudra-t-il attendre ? Ça ne fait rien. Vaut mieux qu'elle attrape un refroidissement plutôt que ces enfants-là. Elle ouvrira le grand manteau et les prendra sous ses ailes de vieille manman-poule. Cela fait combien de temps qu'elle est debout là, toute seule sous ce képi qui couvre mal ses nattes ? Un tracteur passe. Deux garçons à bicyclette. Une camionnette pareille à celle du voisin qui va de ferme en ferme pour vendre caleçons, soutiens-gorge, culottes et pantalons. Sa dame tient une boutique. Daisy y achète laine et aiguilles. Elle tricote pour l'hiver. Quel hiver, encore ! pense Man Ya. Des parapluies arrivent. Des vélos. Des autos. Et même la voiture des gendarmes. Le manteau, qui lui donne aux chevilles, commence à peser quand la pluie cesse d'un coup. Man Ya secoue l'eau du képi, puis s'en coiffe à nouveau, juste pour conserver une allure un peu martiale. Le soleil revenu est le même qu'à Routhiers, bien vrai. Dans les temps d'hivernage, pluie et soleil se gourmaient dans le ciel. Man Ya ne babillait ni avec l'un ni avec l'autre. Le jardin quémande l'onction des deux.

Pluie et soleil
Comme deux mains
La droite et la gauche dans le ciel
L'une lave l'autre
L'une amarre l'autre en prière
L'une tient le ventre
L'autre soutient la tête
Tu as besoin du soleil, de la pluie
Comme tu as besoin de tes deux mains.

Les Blancs la regardaient avec insistance. Les yeux parlaient entre eux. Certains la tournaient en dérision. Mais d'autres portaient des mines contrites comme si la France venait d'être envahie par un de ses sempiternels ennemis, comme si l'honneur de la Patrie était piétiné, là, devant leurs yeux, comme si la guerre était déjà entrée dans le village et qu'ils doivent à leur tour sortir leurs pétoires de derrière les fagots, brandir leurs fourches pour que le sang impie abreuve les sillons. Mais Man Ya ne descendait pas à leur hauteur.

Quand la cloche de l'école sonne, elle se trouve encadrée par deux gendarmes, au mitan d'un rassemblement de personnes. Elle hèle et se débat. Son parler créole déraille le français des représentants de la loi. Elle, qui souffrait les coups du Bourreau sans oser une seule parole, défend à ces bougres de la tenir. Elle sait que rien ne pèse sur sa conscience… sinon d'avoir quitté Asdrubal. Mais peut-être qu'il a écrit au procureur de la République, se dit-elle, à de Gaulle, au gouvernement… Il se peut qu'on soit à sa recherche depuis et cætera de temps sur le territoire français ! Sa photo doit être dans les gendarmeries ! Non ! elle n'ira pas à la geôle ! Pas comme une criminelle ! Rendue à la dernière extrémité, elle implore le Seigneur Jésus-Christ et Notre-Dame-du-Bon-Secours. Elle appelle sa manman, sa grand-manman et les saints apôtres. Et, nous voyant enfin, elle s'écrie : «*Sé ti moun la ! Mi yo ka pati épi mwen !*» Étant donné la rareté de la gent noire dans la région, un des gendarmes suppose que Rémi et moi avons un lien de sang avec la prévenue. Toute l'école est là. Le village entier nous dévisage. Des yeux en quantité, effarés. Pourquoi les gendarmes ? À cause du képi de l'armée, du manteau militaire ? Pourquoi ces visages graves, ces grands airs offusqués ? Man Ya n'a pas voulu outrager la France, seulement barrer la pluie. Elle n'a pas vu le mal qu'il y avait à marcher en manteau militaire dans les rues d'Aubigné. Elle l'a fait juste à cause de la pluie. Il pleuvait, voilà toute l'histoire. La pluie. Le froid dans les os des enfants. Le flume sur l'estomac... Hélas, la loi n'a que faire des bons sentiments. Qu'on se le dise : il y a manteau et Manteau !

« Mes enfants, cette personne est votre parente ? Nous lui avons demandé de décliner son identité. De donner une explication quant au port de l'habit militaire. Nous n'entendons pas son langage. Si vous parlez le français, LE-FRAN-ÇAIS !, dites-nous comment il se fait qu'elle soit en possession de ce manteau et de ce képi de l'armée française ?

– Eux, ils parlent comme nous ! lance une voix. Ils habitent dans la ruelle de Madame Bourrasseau ! Ils ne sont pas méchants... Leur manman est là-bas !

– Conduisez-nous, mes enfants ! »

Nous traversons la place de l'église en tête du cortège. De temps à autre, nous nous retournons. Man Ya est bien traitée. Son képi sur la tête – personne n'a pu le lui retirer –, elle semble avoir rendu les armes et va, les épaules basses. Soumise à son destin, elle croit que la geôle l'attend pour un temps que personne ne pourra décompter. Au Pays, elle n'a jamais eu d'affaire avec la loi...

« Qui veut du respect s'en procure ! Une négresse doit racheter les péchés de sa race. Une négresse noire doit montrer la blancheur de son âme et agir dans le bien. Une négresse noire, laide à cheveux grainés doit mériter, plus que tout autre, sa place au ciel. Ne te déresdpecte pas ! » aimait à dire sa manman.

Man Ya n'a plus envie de se débattre.

Eh ben! tant pis si c'est Asdrubal qui m'a fait chercher, se dit-elle. Gloire à Dieu! Je vais retourner au Pays. Et tout reviendra comme avant. Ma case, mes plants de café, mon caco à monder, et aussi, dans la ravine, la source qui donne l'eau à boire, la rivière où je baigne mon corps au sortir du jardin. En quel mois sommes-nous? Est-il temps de planter les ignames, récolter les pois, féconder la vanille? Depuis quand je dépéris ici, sous le ciel blanc de France? Et puis, peut-être que le Seigneur, dans Sa grande miséricorde, a donné un cœur à Asdrubal, même une once de charité. Peut-être qu'il s'est amendé, repenti...

Au fond, les gendarmes sont peu fiers. Ils tiennent une vieille femme alors qu'une bande de Romanichels, voleurs de poules et pilleurs de ferme, font la loi dans la campagne. Ils sentent bien que cette dame-là n'est plus là, avec eux. Ses yeux dévirent dans un autre monde. Son esprit couve les pensées d'un autre temps. Mais la loi c'est la loi! Et le mépris de l'armée française, une chose qu'on peut pas tolérer... Ce n'est pas carnaval, quand même!

Rémi et moi pressons le pas. Les gendarmes nous talonnent, comme si nous allions serrer quelques pièces à conviction, une, deux médailles de général, une croix de Lorraine, une collection de rosettes, des caisses de grenades. Man Ya avance pareille à un zombi, le regard fixe. Elle ne marche pas comme unetelle qui connaît sa destination. Elle allonge un pied devant l'autre d'une façon mécanique, tandis que son esprit voyage, bagage épave d'un naufrage. Est-ce qu'elle ne va pas disparaître comme un de ces personnages de Routhiers dont elle nous dresse les épopées? Peut-être bien qu'elle possède ce pouvoir-là aussi… Elle doit le tenir en réserve pour le jour où elle serait vraiment exposée aux forces du mal – peut-être ces deux gendarmes. Dans ses récits de Guadeloupe, les initiés attendent toujours la nuit pour oser leur magie. Ils profèrent des formules magiques, enduisent leur corps d'une huile d'or, retirent leur peau et puis s'envolent, yole vole de tôle en tôle. Au Pays, dit-elle, se trouvent des gens qui tournent en chiens. Ils ont la parole, bien entendu, puisque ce sont des personnes comme nous autres. Ils causent donc avec toi. Prends garde à ne pas leur envoyer une roche qu'ils te feront payer bien cher, le lendemain, quand ils auront repris leur corps d'humain. Aussi, dans le petit matin, ton chemin peut croiser celui d'une belle négresse. Signe-toi sans qu'elle te voie. Les autres de sa confrérie ne sont pas loin. Ce sont donzelles qu'on reconnaît à leurs rires gras. Diablesses en vérité, des sabots d'animaux piaffent sous leurs trois cents jupons.

Manman, qui est une dame sachant parler le français de France, déclare que son époux est adjudant de l'armée, ancien combattant valeureux. Elle donne toutes les explications du monde et promet à ces messieurs qu'elle veillera désormais au bon usage de l'habit militaire. Man Ya figure soudain un épouvantail de bois mort costumé en soldat vaincu. Elle ne branle pas un poil. Fait comme si on parlait d'une personne loin de son intérêt. Une chair qu'on peut mettre à la geôle et au fer. Un corps qu'on peut aller pendre dans n'importe quel pied-bois.

Enjôler et puis pendre.

Ça se faisait autrefois. Qui s'en inquiétait ? C'était la loi.

La loi ne le permet plus. Antan, tout allait fatalement, à cause de la malédiction.

C'étaient les mêmes hommes pourtant.

Ils avaient traversé la mer aussi, des longueurs de mer.

C'était la loi écrite noir sur blanc. Qui s'en émouvait...

Quand les gendarmes s'en vont, Man Ya revient parmi nous – ce qui veut dire que ses yeux voient, sa figure retrouve ses mouvements, son corps est de nouveau habité. Elle ôte manteau et képi prétendument profanés qu'elle suspend avec une feinte respectation, puis s'en retourne éplucher ses légumes. En rentrant dans la couche ce soir-là, je la regarde différemment. Elle prie, les deux genoux à terre. Je guette ses mots, ses soupirs, sa main qui passe sur sa figure. Je me dis qu'un jour prochain, elle ne sera plus là à mon réveil. Pour échapper aux misères de la vie, elle aura demandé deux grandes ailes au Seigneur et pris son envolée.

La religion

1963. Nous savons maintenant que Man Ya est notre alliée. Elle efface les traces de toutes nos bêtises : vaisselle cassée, dînette brûlée, pipi au lit. Elle n'accepte jamais que nous soyons privés de dessert et nous réveille la nuit pour glisser des pommes que nous mangeons tout endormis, sous nos draps et dans le noir. Elle promet toujours de nous corriger, mais ne lève jamais la main sur personne.

1963. Manman est à l'hôpital. La vie dans l'appartement du Kremlin-Bicêtre branle machinalement, mais c'est comme s'il manquait une huile dans les rouages. Le manger n'a pas de goût. Les discussions qu'on engage d'ordinaire ne claquent plus du même son dans le vent des paroles. Nos rires débondent, bien sûr – les enfants trouvent toujours prétexte à rire – mais ils s'affaissent sans force. Un petit silence pose son ombre à l'horizon, se défait en échappées de lumière, puis se recompose quand l'un ou l'autre s'écrie : « Et si manman ne revenait jamais ? » Man Ya répète qu'il faut apprendre la patience. « *I ké viré épi on dot ti moun...* » Un frère – ou mieux – une sœur, devrait nous rejoindre bientôt. Nul ne sait de quel genre cet enfant-là sera jusqu'à ce que manman s'en retourne enfin, avec le bébé – Suzy – emmailloté dans un linge blanc. Il s'avère pressant de démêler les fils de ce prodige. Notre soif de savoir se change en coliques et mal au ventre.

Autrefois, un grand mystère entourait toutes choses. Comment on fait les enfants ? Questionner était insolence...

Paul, notre ultime recours, est aigri. Monsieur mongonne tout seul. En signe de représailles, il tourne et vire autour du berceau sans jeter un seul regard à Suzy. Il ne peut pas admettre qu'une vieille femme âgée comme manman – elle a bien trente ans, au moins ! – fasse encore des enfants. Nous, les petits, sommes déjà conquis. J'ai sept ans, je suppose que Suzy doit sa naissance à quelques emmêlements de baisers malélevés dans la noirceur des draps. Hélas, quand Paul décide de nous ouvrir l'esprit sur les choses de la vie, il nous embarque dans de grandes phrases qui démâtent au premier lever de sourcil.

Paul est, pour nous, distant et proche, autoritaire et mol. S'il nous menace de quelque correction, faisant tournoyer un cuir au-dessus de nos têtes, un fin sourire dément ses intentions. Il se débat dans les problèmes métaphysiques qui le touchent à cet âge. Pénétré de sa fonction de grand frère, il s'efforce de guider nos pas, distiller sa morale. En 64, quand papa gagne la Polynésie française, il seconde manman et devient soudain un homme dans la maison. Il mûrit sous nos yeux. Des brins de poils lui poussent au menton. Sa voix se pose à jamais dans les graves. Grappillant petit-petit un vent de liberté, il sort le soir, bien tard. Parfois, manman s'inquiète... « Fais attention, hein ! Fais BIEN attention ! » Paul fréquente des filles blanches. D'après lui, il n'use d'aucun artifice pour les séduire. C'est une nourriture qui lui tombe comme ça. Y a qu'à claquer des doigts. Tout vient de sa beauté naturelle et de son haut degré de spiritualité, dit-il. La noirceur de sa peau leur fait imaginer des choses excitantes. Elles se figurent une puissance animale ou quelque chose de même acabit. Des fois, nous le croisons dans la rue. Il est accompagné d'imitations de Sheila, Sylvie Vartan ou Françoise Hardy. On le regarde à la dérobée. Il nous a demandé de ne pas rigoler à la façon des couillons que nous sommes, de ne pas nous manifester… «Vous comprenez, ces filles-là n'ont pas besoin de savoir que j'ai tant de frères et sœurs!» Craint-il d'être déposé dans le même *kwi* que ces Nègres qui n'en finissent pas de compter leur fratrie? Certains Blancs sont ainsi. Voir trop de noir à la fois les effraie… Aussitôt, ils imaginent l'Afrique dans son entier débarquée à Paris, les villages de la brousse, les familles innombrables, tribus sans commencement ni fin. Montrez-leur un parent de trop! Leur intelligence déballe au même moment des troupeaux de frères polygames, sœurs et femmes en pagnes colorés portant sur le dos une marmaille braillarde, colonies d'oncles marabouts, revendeurs de grigris, marchands de magie noire, tantes excisées ou bien infibulées, cousins percussionnistes, petites cousines scarifiées… Tout ce monde les uns sur les autres, avec boucs, moutons et cabris, dans un malheureux appartement conçu pour la Famille Française Type. Nous ne lui en voulons pas, bien entendu. Il défend ses intérêts et poursuit des réalités dont nous n'envisageons pas encore le caractère capital. Pourtant, quand il nous croise sans nous voir, c'est comme si, tout soudain, il nous reniait.

En ce temps, nous étions comme les branches d'un seul arbre. Chacun se trouvait souvent seul face au vent, mais fort, nourri d'une même sève et lié aux autres par des fibres invisibles, une écorce solide. Des Blancs nous griffaient de leurs regards crochus. Des paroles d'alcali voltigeaient à toute heure. Des caresses de fiel nous laissaient comme des plaies sur la peau... Les mêmes maux nous affligeaient tous plus ou moins violemment. Comment y échapper? Chacun selon la raideur de son corps en éprouvait l'aiguillon. Chacun, selon son esprit, en supportait la charge. Nous avions le devoir de nous soutenir l'un l'autre, de fleurir les pensées du pauvret qui perdait ses illusions comme des feuilles avant la saison. Bien sûr, il se trouvait un, deux Blancs qui disaient nous aimer bien, affirmaient que nous n'étions pas comme les autres Nègres. Filles et garçons de nos classes qui, dans la rue, semblaient marcher sans honte à nos bords. Un, deux pour tant d'autres qui voyaient la peau noire comme une salissure. Un, deux... Je me souviens surtout de cette manie agaçante qu'ils avaient de toucher mes nattes, douces comme laine, toison de mouton. Je me rappelle aussi qu'ils s'étonnaient de la face claire de mes mains. À cette époque, on pouvait compter les Noirs d'une école. Les petits Blancs nous dévisageaient longuement comme pour s'habituer à la couleur. Il leur fallait parfois aller jusqu'à Noël pour se rendre compte que j'étais une personne qui parlait, lisait, écrivait, comme eux. Des fois, on essayait d'accrocher nos maillons, de jouer tout simplement. Mais sitôt qu'une petite guerre d'enfants se déclarait, ils sortaient les canons, bombardaient...

Négresse à plateau!
Bamboula!
Retourne dans ton pays!...

Man Ya se fait à la cité, à la vie plus enfermée encore qu'à Aubigné. Elle va à l'ombre des immeubles hauts, sur les trottoirs coulés le long des rues bien dessinées qui appartiennent aux automobiles. Attention! il ne faut pas marcher au milieu de la rue! Ne pas s'éloigner, au risque de se perdre à jamais. Traverser dans les clous. Ne pas quitter l'appartement sans carte d'identité. Ne pas causer aux inconnus, ils prendraient peur. Ne parler à personne puisque ici personne ne comprend le créole. Ne pas sortir sans manteau. Ne pas se fier au soleil qui rigole derrière les carreaux... Il est aussi interdit d'aller sur les pelouses, de cueillir des fleurs, de casser des branches. Man Ya connaît ses droits : s'asseoir sur un banc, les deux mains déposées sur ses jupes, et prendre un bol d'air frais. Elle aime se promener, avec les enfants qui lisent le nom des rues. L'après-midi, elle est autorisée à pousser le landau de Suzy dans le parc de la cité. Elle hoche la tête à tout ce qu'on lui dit.

La seule chose qu'elle critique ouvertement c'est la porte. Cette unique porte pour entrer et sortir de l'appartement. Une seule porte qu'il faut tenir fermée à clé toute la journée, même par grand soleil. Ne pas se précipiter quand la porte sonne. Avant de l'ouvrir, toujours poser un œil sur l'œil de verre qui regarde de l'autre côté. Inspecter le palier de haut en bas, détailler en genre et nombre les personnes qui attendent de l'autre côté. Pour son salut, toujours regarder dans l'œil. Et tourner la clé seulement après. On ne sait jamais ce qui rumine derrière les portes de ce pays-là. Paraît qu'il y a des étrangleurs de vieilles femmes, des empaleurs d'enfants, des voleurs à chapeau et costume du dimanche. Une seule porte... Et quand on part, ne pas claquer la porte en laissant la clé à l'intérieur, on pourrait ne plus rentrer. Et les fenêtres aussi, toujours fermées, nous sommes au rez-de-chaussée. Toujours fermées à cause du froid et des cambrioleurs qui guettent par milliers. Et le gaz, toujours le fermer. Vérifier par trois fois. Un seul oubli et l'immeuble entier pourrait brûler, exploser et voir carbonisés tous les Blancs qui peuplent les étages supérieurs. Et si ce malheur arrivait... Mon Dieu, on dirait que des Nègres ont assassiné des Blancs. La geôle serait au bout de ce sacrilège. Tous ces Blancs, qui demeurent au-dessus de nos têtes, n'imaginent même pas que leur vie ne tient qu'à un fil de folie. Il y en a même qui vivent des jours et des jours sans que leurs pieds touchent jamais la terre. Man Ya chuchote que ces Blancs, qui marchent là-haut dans un désordre pas concevable, font bacchanale de la nuit, plus fort que les soucougnans sur les toits de tôle de Routhiers. À observer leurs allées et virées : figures benoîtes, yeux bleus du ciel de l'ange Gabriel, ces gens-là, on leur donnerait le Bondieu sans confession...

Man Ya dit : « Oui, oui, *an konprannn*... J'ai compris ! » Nous la croyons docile. Pourtant elle montre, un peu plus chaque jour, qu'elle ne se fie guère à nos savantes paroles. « Oui, oui, *an konprann*, j'ai compris ! » Mais, en vérité, nos valeurs ne sont pas les siennes. Mis à part Dieu, son seul guide est la voix qui parle à sa conscience et délimite pour elle le Bien et le Mal. Et tant pis pour Mesdames Convenance et Apparence, ces deux orphies des villes qui tiennent un cœur de roche. Man Ya accepte son sort parce qu'elle a foi en la justice divine. Elle sait qu'elle reverra Routhiers où son jardin l'espère. Elle incarne, sans paroles, l'idée que la force habite l'esprit, non pas le corps. Que regarder seulement la figure et la couleur des gens n'autorise pas l'estimation. Que donner crédit aux discours qui coulent dans la facilité est

hasardeux. Il y a ceux qui crient et battent, sac-
cagent, accaparent, assassinent. Ils ont peur de
la déroute du monde, de son aboutissement. La
terre est leur geôle. Ils l'aiment et la haïssent et
veulent vivre là toute leur éternité. Et puis il y a
ceux qui font bouclier de leur personne, pansent
les blessures, déminent les champs de l'existence.
Ceux-là éteignent les peurs, sèchent les larmes,
donnent l'espérance. Julia songe à Asdrubal et
certifie qu'elle aurait pu tenir longtemps encore
auprès de lui et des esprits qui le poursuivent la
nuit. La vie sur terre n'est qu'un bref moment
à passer. Sa rivière lui manque tant... Mais que
voulez-vous, elle est là, en France, avec nous
autres levés en intrépides sauveurs.

Nous, les enfants, sommes borgnes, et sourds,
et grands couillons en ces temps-là. Nous parlons
le français, belle langue. Nous comprenons soi-
disant la vie. Malgré les heurts et les accrocs,
nous voulons croire en notre privilège de grandir en France, d'avoir échappé aux champs de
cannes, au parler créole, à la case sans télévision
ni eau ni électricité, sans cabinet de toilette ni
bidet ni baignoire. Nous voulons croire à notre
évolution, au bonheur de vivre sur un continent.
Et tous les gens instruits qui viennent à la maison, gradés à deux galons, savants à certificat de
fin d'études, inféodés au seul Français de France,
regardent Man Ya sans la voir, avec un brin
de compassion. À leurs yeux, elle représente un
état ancien, l'époque reculée d'avant où l'on ne
connaissait pas la ville, ses tournures de phrases,
ses souliers vernis à hauts talons, ses beaux
habits, toutes ses lumières, ses fards. Elle est une
pauvre vieille femme de la campagne, illettrée,
talons cornés, jambes écaillées, gros ventre. Ils
ne peuvent pas admettre qu'ils viennent de là

aussi et mesurent, en se mirant les uns les autres, le chemin parcouru par le Nègre. Man Ya illustre à elle seule toutes ces pensées d'esclavage qui leur viennent parfois et qu'ils étouffent et refoulent comme le créole dans leur bouche. Ils sont infiniment redevables à la France.

Nous-mêmes, enfants, voyons Man Ya comme une personne anachronique. Venue d'un autre siècle, d'un autre temps, comme d'un autre pays. Les dimensions de son temps à elle, qui n'est pas celui de France, nous déroutent. Elle impose ses gabarits à ce temps d'ici qui se toise en argent-papier, en quatre saisons et longueurs de paroles. Son temps à elle se déroule à l'infini. Elle peut marcher dans les allées de sa jeunesse le matin et s'asseoir au mitan de son jardin le midi. Si sa chair se souvient des volées du Bourreau, son esprit la libère, elle abandonne son corps et s'en va couler son âme dans des petits moments de joie, auprès de sa source, à Routhiers. Quand son cœur pleure sa case et son église, elle nous quitte, s'enfonce dans des visions de demains qui la mènent au pays. Et lorsqu'elle nous chuchote les histoires d'esclavage que lui contait sa manman, des frissons se lèvent sur son âme. Pour nous seuls, des Nègres sortent de l'antan où ils marchaient avec des fers aux pieds. Des vies désolées remontent les ravines de l'oubli... Les longueurs de mer traversées. Le fouet. La misère des champs de cannes. Le poison. Les langues avalées. Le fouet. Le tambour qui bat comme un cœur dans la nuit. La désespérance. Les chaînes. La peur. La ruse. Le fouet...

Souvent, elle nous sidère en mettant en scène une idée soufflée par sa logique. Si la brebis égarée a pu trouver son chemin dans les pages de la Bible, Man Ya aussi peut trouver le sien dans

Paris. Les rues de Paris ne peuvent pas être plus tortueuses que les voies insondables des Écritures. Tous les matins, par la fenêtre de la cuisine, elle contemple la basilique du Sacré-Cœur. La première fois qu'elle la voit, sortant à mesure d'un halo de nuages, elle croit que le Royaume des Cieux vient d'apparaître à l'horizon du monde. Ces nuages-là ne sont pas gris comme ceux du ciel ordinaire. Ils aveuglent le pécheur, forcent à baisser les yeux. D'un blanc immaculé, bourre de coton léger, ils couvent les bruits du monde. C'est ainsi qu'elle s'est toujours représenté la maison du Seigneur, le Paradis céleste où elle ira passer sa vie éternelle. Elle voudrait y aller au plus tôt. Alors, elle nous crie à tous : « Il faut voir la merveille ! Là, dessous les nuages ! Un Royaume ! » Daisy sourit, elle est belle et vient de se faire couper les cheveux à la garçonne comme Petula Clark. Tandis que nous essayons en vain d'entrer en extase, de goûter au même émerveillement, Daisy explique qu'il s'agit seulement d'une grande église terrestre. « Un jour prochain, je t'y conduirai en auto. C'est promis… », dit-elle à Man Ya.

Les jours défilent.

Man Ya attend.

Un autre printemps dépose déjà fleurs et bourgeons en quantité aux branches des arbres.

Man Ya prend patience. Chaque matin, elle se poste à la fenêtre pour voir la basilique sortir de ses draps de lumière.

En Guadeloupe, elle savait marcher, des kilomètres. Routhiers-le bourg de Capesterre. Pour aller à la messe, elle se mettait en route avant le premier chant des coqs. Elle marchait, marchait. Ses jambes ne faiblissaient jamais. Ici, faut attendre une voiture, comme si marcher c'était pécher. Maréchal est parti dans le Pacifique, a laissé seule Daisy qui reporte chaque jour la visite au Sacré-Cœur. Man Ya attend…

Elle dit : « Six enfants pour une seule manman, c'est un lot de tracas ! Moi-même, j'en ai élevé que trois. J'ai porté des anges qui ont pas survécu. Combien ?… J'ai oublié, ces calculs-là sont l'affaire d'un autre jugement. La marmaille de Maréchal n'est pas désobligeante mais elle aime à babiller et se gourmer. Ces enfants-là se poursuivent autour de la table comme des animaux. Unetelle défend qu'on entre dans sa chambre. Celui-là passe la journée à moquer l'autre qui a pissé au lit et rend les railleries à grands coups de poing. Manmselle Marie hèle sitôt qu'on passe à son bord. Monsieur Paul a besoin d'et cætera de tranquillité pour chanter en anglais et gratter une guitare avec un camarade. Régler tout ce monde, c'est crier ou décrocher une ceinture. Mais Daisy n'use pas du cuir sur leurs reins. On est en France. Faut imiter les Blancs civilisés qui corrigent la marmaille au martinet. Ces enfants-là rient, serrent le martinet ou bien arrachent lanière après lanière, jusqu'à ce qu'il ne reste plus qu'un moignon de soldat de la guerre d'Asdrubal…

Non, elle ne va pas fatiguer Daisy. Il faut qu'elle se décide. Elle peut y aller à pied. Le Sacré-Cœur est à portée de main, comme rapproché jour après jour, juste pour elle. Ce matin, les nuages représentent le visage d'une sainte femme. Le front, les yeux, le nez et la bouche qui s'efface à mesure dans un sourire de vierge. Combien de temps va durer ce printemps ? Qu'est-ce qu'il y aura après ? La neige, la nudité des pieds-bois, la froidure et les douleurs dans tout le corps… Elle s'emmêle dans le quatrain des saisons d'ici.

Le Sacré-Cœur ne sera sans doute jamais aussi près. «Aujourd'hui!... lui souffle un bon esprit. Tu dois y aller aujourd'hui même!»

Man Ya suit son inspiration. Elle cherche ni à plaire aux gens ni à imiter ceux d'ici qui croient tenir entre leurs mains toute la lumière du monde. Le ventre de Paris ne lui fait pas plus peur que le bourg de Capesterre. Elle part, l'esprit libre, comme si elle connaissait la route. Élie, mon jeune frère, l'accompagne. Il a sept ans. Combien de temps marcheront-ils? La basilique, si proche à l'œil, recule à mesure qu'ils avancent. Élie pèse dans sa tête toute l'audace de l'expédition : Man Ya ne sait pas lire. Ne parle pas le français. Ne connaît pas les rues. Man Ya est vieille et noire. Elle fait des choses que les Blancs ne comprennent pas. Nous allons nous perdre dans Paris, pense-t-il. Répéter le nom de la cité pour le dire à un policier. Répéter le nom pour retrouver la maison. Pour pas rester la vie entière en perdition, à marcher dans les rues comme ça, si loin de chez soi. La chanson des Surfs lui revient. Il entend Claude François et se met à chanter, pour conjurer la peur.

À Trinidad, vivait une famille.
À Trinidad, tout là-bas aux Antilles
Y avait le papa, la manman et le grand fils aîné
Qui a quarante n'est toujours pas marié.

Tandis qu'Élie songe qu'il ne reverra peut-être jamais les Antilles de Claude François, Man Ya marche, les yeux tout illuminés. Elle ne s'inquiète de rien. Un sourire défait les plis amers de son visage. Elle avance vers la lumière du Royaume des Cieux, se disant que, bientôt, les deux grandes portes du Sacré-Cœur de Jésus s'ouvriront pour elle seule. Est-ce qu'elle sent encore la petite main d'Élie dans la sienne ?... Elle va. Le temps peut s'écouler. Le soleil qui descend peut rendre l'âme s'il veut. Elle marche. Elle sait qu'elle arrivera, intime conviction. Quoi ! Les mystères de Paris, les malfaiteurs qui enlèvent les enfants et arrachent les sacs des vieilles dames ! Elle a rencontré pires engeances en Guadeloupe. Elle connaît la figure de l'homme qui tourne en chien. Elle a vu le dessous des sabots de trois diablesses en cavale. Des esprits malveillants sont venus à dix souffler une bougie votive dans sa case fermée au vent. Elle ne craint pas les malfaisants d'ici. Ils ont petites figures et dents molles.

« Man Ya, retournons !

– *Pa pè nou ké rivé...*

– Man Ya, retournons !

– *An di-w nou ké rivé !*

– Man Ya ! Man Ya ! Retournons à la maison !

– *Pa pè ti moun, légliz-la tou pwé !* »

Le dôme est là en effet, à deux pas, semble-t-il. Hélas, ils marchent encore, cent, deux cents pas. On voit pourtant la basilique. Si près.

« Marche pèlerine, agneau égaré, pécheresse ! Va à la rencontre de ton Seigneur ! Ne faiblis pas ! Songe au calvaire de Jésus-Christ, à sa couronne d'épines, à la Croix qu'il porta ! Rappelle-toi le Golgotha ! Et tu verras que ta peine est légère ! » lui souffle l'ange conducteur.

« Nous sommes perdus, Man Ya ! Retournons !

– Nous pas perdus même ! *Asé pléré !* »

Élie songe à sa manman qu'il n'embrassera plus, à ses frères et sœurs, à Zorro, Steve Mac Queen, Thierry La Fronde, Belphégor et Tarzan qui vivront mille aventures tandis qu'il sera à chercher le chemin du retour, à tourner dans Paris, ou bien, pire encore, à prier le restant de sa vie dans la basilique du Sacré-Cœur. Il entend dévaler les rires d'Henri Salvador Ah! Ah! Ah! Ah! Ah! et il comprend qu'il est le héros d'un cauchemar. Ah! Ah! Ah! Ah!

Et alors ? Et alors ? Et alors ?
Zorro est arrivé-é-é !
Sans se presser-é-é !
Le grand Zorro !
Le beau Zorro !
Avec son cheval et son grand lasso...

« Man Ya ! Man Ya, retournons ! s'écrie-t-il.
– *Asé pléré kon sa !*
– Mais Man Ya, il va faire noir bientôt ! »
Man Ya a déjà compris qu'en cette saison, le jour reste à veiller bien tard. Aujourd'hui, le temps n'est pas compté. Elle marche vers le Royaume. Le Sacré-Cœur de Paris !
Répéter le nom de la cité. Le redire jusqu'à ce que les mots s'impriment sur la langue. La tête d'Élie s'emplit de lettres, puis, d'un coup, se vide. Peur d'oublier d'où il vient. Son nom, oui, il peut le dire. Mon père est militaire. Il a fait la guerre. Armée de terre. Répéter le nom de la cité. Il aurait dû marquer le chemin, pour le retour. Dévider une bobine de fil entre la maison et l'église. Une prochaine fois, il le saura. Non! il n'y aura pas de prochaine fois. Toujours se souvenir du chemin parcouru. Ne pas marcher la tête en l'air. Au contraire, regarder à l'entour.
« Man Ya, retournons ! »
Mais qu'est-ce qui peut arrêter Man Ya ? Dites-moi...
La fatigue ?... Levée à quatre heures, couchée à dix. Son corps est habitué à endurer.
Le manque de foi ?... Sa foi en Dieu, en la

Vierge Marie et son fils Jésus-Christ est ferrée en elle, là, au mitan de son cœur.

La vision fulgurante de la folie de son expédition?... Son esprit dérive dans la joie, tout chargé de cantiques et d'un morceau de la messe en latin.

> *Deo Patri sit gloria*
> *et Filio, qui a mortuis*
> *surrexit, ac Paraclito,*
> *in saeculorum saecula. Amen.*

Man Ya marche. Son regard traverse les visages qui la toisent drôlement. Une vieille négresse et un enfant. Une négresse qui chante en latin et sourit en marchant. Folle, certainement. Depuis combien de temps marchent-ils ainsi?

«Man Ya, allons retourner!»

Man Ya ne répond pas. Elle vient de perdre de vue le Sacré-Cœur. Sa main serre plus fort celle d'Élie. Gauche ou droite? Monter cette rue ou bien celle-là? Son idée lui dit que le banc de l'église où elle pourra s'asseoir n'est plus très loin. L'air se fait moins pesant. Elle sent ces choses-là. Les diables ne fréquentent pas les gens d'ici. Trop de croix. Trop de prières conjuguées. L'Esprit Saint habite ces lieux, elle le sait. Brusquement, elle traverse la rue et interpelle un groupe de religieuses qui vont par deux, voiles au vent.

«Siouplaît, *Masè! Masè! Ki koté an dwèt pwan pou kontré Sakré-kè-la?*»

Voyant venir au-devant d'elles cette négresse qui s'exprime dans une langue africaine, tout en faisant de grands gestes qui menacent leurs voitures immaculées, les bonnes sœurs hâtent le pas.

Mais le Très-Haut est un berger et l'homme un mouton égaré. Au bout d'une petite rue animée par des marchands d'objets pieux, le Sacré-Cœur réapparaît enfin, dans toute sa majesté. Élie lui-même est ébloui par le prodige. Man Ya fait trois signes de croix et puis gravit les premières marches. Déjà, sur le parvis où croissent toutes variétés de fleurs, un avant-goût du Paradis l'attend. Là, des oiseaux mangent dans la main des hommes et puis s'envolent et leurs ailes font flap flap flap comme pour applaudir à cet enchantement. Une cloche sonne. Gens de toutes couleurs et toutes générations rentrent ensemble pour s'incliner et prier Dieu.

Man Ya pleure Asdrubal. Elle dit : « Seigneur, le tourment me déraille. Asdrubal n'est ni mort ni en guerre et mange seul sa solitude, là-bas à Routhiers. Sans personne pour s'occuper de sa santé et de son linge. Il a pris la peine de me marier, moi, Julia, négresse laide. *Bon Dyé! Ka an péfè pou réparé tò an jà fè-y ?*... Mon Dieu, dis-moi comment réparer le tort que je lui ai déjà fait ?... »

Pendant ces longs parlers avec Dieu, Élie ne se mêle pas. Il admire les grandes statues d'or et de plâtre, les vitraux immenses, les cierges qui brûlent pour l'espérance, les tableaux du Christ dans sa Passion. Il oublie un moment ses idoles païennes de la télévision française, les paillettes de Joséphine Baker, la magie de «La Piste aux Étoiles», les «Têtes de Bois» d'Albert Raisner et les chanteurs yéyé du Petit Conservatoire de Mireille.

Quand Man Ya a prié tout son soûl, elle n'a ni faim ni soif. Les désagréments de sa vie déposés entre les mains du Seigneur, ses péchés confessés et pardonnés, rien de mauvais ne peut plus lui arriver. Elle va laisser couler la vie un moment, attendre son temps. La Vierge Marie lui a même assuré qu'elle reverrait Asdrubal, avant long-temps... avant qu'un grand libertinage s'empare du pays-France. Genoux à terre, elle fait un dernier signe de croix et prend avec Élie le chemin du retour. Un envol de pigeons les salue.

« Man Ya, nous sommes perdus, hein ? demande encore Élie.

– *An pa ka pèd kon sa, ti gason!* »

Ces enfants-là n'ont pas de respect, se dit-elle. Est-ce qu'elle est inconséquente pour marcher dans un pays qu'elle ne connaît pas, sans marquer son chemin !

À la cité, nous sommes inquiets. Nous avons déjà fait trois fois le tour du parc et des immeubles. Personne n'a rien à signaler. Personne n'a jamais vu cette vieille dame noire qui pousse un landau devant elle ou bien se promène avec des enfants noirs. Un garçon noir ? Quel âge ? Sept ans. Connais pas... Appelez les flics ! crie quelqu'un.

« Il faut encore attendre avant d'appeler la police ! » dit Paul en augurant une terrible nuit de veille. Tandis que la soupe refroidit dans les assiettes, la basilique s'évanouit dans le couchant. Daisy pense à des drames. Consternés, nous échafaudons tour à tour les pires hypothèses, tirant à la courte paille celui qui devra envoyer un télégramme à Tahiti pour prévenir Maréchal de la disparition de sa manman et de son troisième fils Élie.

Quand ils sont revenus, entiers, sans avoir demandé à quiconque leur chemin, manman avait envie de sermonner. Mais une lueur étrange brillait dans les yeux de Julia. Une lueur qui disait : « J'ai cru, j'ai vaincu ! Je suis parée pour les autres épreuves... »

L'instruction

JULIA. J.U.L.I.A. Un seul petit mot, misère. Deux syllabes. Cinq lettres, point à la ligne. Trois voyelles et deux consonnes, alléluia !... Et rien d'autre ! Rien de plus...

Facile à dire, mais à écrire... Un chemin de perdition sans même une petite lumière de bête à feux pour éclairer la main tremblante qui peine et se perd sur l'ardoise d'écolier. Monter. Tourner. Descendre, encore ! Remonter. Redescendre. Et s'arrêter, là, enfin ! Souffler.

Que se passe-t-il dans l'esprit d'une vieille femme qui se trouve à l'école de ses petits-enfants ? Déjà, comment tenir un crayon ? Man Ya l'a fait en peu d'occasions... Sur des registres d'état civil, des actes notariés. La dernière fois, c'était au pays, sur sa carte d'identité. Elle a tracé une croix à un endroit qu'on lui a indiqué. Une croix. Personne ne lui a dit le sens de cette croix-là, un peu bancale, posée au bas d'écritures muettes. Elle voyait bien, à leurs yeux, qu'on la considérait pas mieux qu'une ignorante. Alors, elle a rien demandé. Elle a juste fait la croix. Peut-être que ça voulait dire qu'elle était d'accord avec les paroles couchées là. Elle s'est exécutée, avec humilité, tout en gardant une dignité dans le geste et les yeux.

Elle se demande pour combien de temps elle a signé.

Pour quel office ?

Pour quelle mission ?

Pendant les séances d'écriture, Julia se souvient de sa jeunesse... Sa manman dit qu'elle peut pas l'envoyer à l'école. Faut rester à veiller les cadets. Elle vient d'enfanter et s'en retourne aux champs. Y a pas d'autre solution. L'instruction, c'est pas pour moi, pense Julia. Si manman dit ça, y a pas d'autre voie. Faut rester à récurer la case. Cuire les racines. Et pas pleurer l'école, les récitations, les chansons qui racontent le printemps, les histoires de la France et la géographie. Sa manman se débat dans les cannes qui la mangent. Faut se gourmer avec chaque jour, c'est la leçon quotidienne. Ne pas courir quand le jour vient. Bourrer-monter les jours les uns après les autres, plus fort que bœuf-tirant. Les mener jusqu'au soir. Ne pas laisser pleurer ton cœur quand ceux-là s'en vont à l'école. L'école, c'est pas pour tout le monde.

Ton nom n'est pas sorti, Julia. Si c'était nécessaire à la vie, comme tes deux bras, le Bondieu ne t'aurait pas abandonnée au bordage du chemin. Tu regardes les écritures au loin. Tu peux pas les aborder. L'encre tache. Les choses qu'on appelle lettres viennent de France à ce qu'on dit. Ta manman a pas eu besoin de l'écriture pour vivre dans l'honnêteté et même trouver un de ces Nègres braves qui s'usent pas à la boisson. Comment ça se fait que Monsieur Asdrubal t'a choisie, toi ! Il t'a pas décrochée au bal, tu sais pas danser. On t'envoie pas au bal. Est-ce que t'aurais aimé ça ? Danser ! Carnaval non plus, t'as pas eu l'occasion de courir mardi gras ni mercredi des Cendres. Les tambours t'ont jamais appelée. Ils cognaient au mitan de ton cœur, là. Tu avais mal sans savoir pourquoi. Ils battaient la peine et la douleur et ton cœur reprenait la chanson. Des sentiments tellement mêlés qu'on peut pas dire l'origine. Travailler comme une bête. Et haler chaque jour jusqu'au soir. Oublier les coups. Oublier tous les visages que réveillent les tambours-kas. Prendre sa joie dans le jardin. Planter, suer, récolter.

Asdrubal, quand il était dans sa jeunesse jetant sa gourme, à cause de ses yeux délavés et ses cheveux crantés, toutes les donzelles se couchaient pour lui. Quand il venait sur son cheval de géreur, avec son casque colonial blanc, sa chicote à la main... au loin, on aurait dit un Blanc-pays. On ne l'aimait pas dans les plantations. Peut-être à cause de sa peau claire, il se croyait un droit sur les travailleurs nègres ou indiens, sur les femmes aussi. On l'a menacé combien de fois ? Pendant ses inspections, y avait plus d'un regard qui disaient le tuer. Il m'a voulue, il m'a eue. On raconte qu'il a cherché la plus laide des négresses noires pour faire offense et bailler de la honte à son papa. Il m'a jamais aimée ou si mal, d'une bien laide façon. J'étais comme un affront, un outrage... son esclave. Après, il est parti à la guerre des tranchées. C'est de là qu'il a ramené ses revenants, tous ces visages jeunes étonnés dans la mort. Je sais, il semait de sa graine partout en Guadeloupe. Des ventres de mes voisines ont porté ses fruits. Moi, il me bourrait de coups de pied. J'ai jamais couru dessous les coups. Je me disais : « C'est Bondieu qui m'a déposée entre les mains de ce Bourreau-là. Un jour, Il me dira pourquoi. »

Ce qui entre aisément dans une tête dure d'enfant, avance à reculons devant des cheveux blancs. Julia veut apprendre. Elle y met de la bonne volonté. Elle veut croire – comme nous le lui disons – que l'instruction est un canot de sauvetage, un moyen de sortir de la couillonnade. Hélas, écriture et lecture ne trouvent pas une place où se suspendre en elle. Alors, elle raconte que sa tête ressemble à une savane aride. La terre est devenue roche. Jeter des graines est inutile. Arrosage c'est gaspillage. Plus d'espérance pour la verdure. Elle dit aussi que les os de ses doigts sont trop raides pour tenir une craie, la mener ici et là, en haut, en bas, à volonté. Recommencer. Encore. Encore. – « *I ja twota sé ti moun la ! An ja two vyé !* » s'excuse-t-elle. Il est trop tard, je suis trop vieille. Les lettres ne veulent pas se faire connaître.

Elle s'applique pourtant, recommence à notre commandement. Ses lettres sont tellement mal formées, si grosses, incapables de se tenir droites sur les lignes du papier. Elles vacillent, se heurtent en grimaçant. J.U.L.I.A. J.U.L.I.A… Nous avons beau lui aligner dix petites lettres calibrées, sages, pleins et déliés délicats, majuscules ciselées dans une calligraphie de maîtresse d'école dévouée à la cause des cas désespérés, Man Ya ne produit que des caractères malgracieux, contrefaits, malbâtis qui aiguisent notre colère. Parfois, la craie se casse et avec elle l'espoir d'écrire dans son entier, sans hésiter, les cinq lettres qui la nomment au monde.

L'apprentissage dure. Des temps de mélasse où l'on coud ensemble désespérance, renonciation et emballement. Des temps où je tempête, manifestant plus d'impatience qu'une vieille institutrice aigrie. Des temps de rogne sèche qui nous voient la traiter comme une enfant rebelle et capricieuse, alors qu'elle est seulement impuissante, complètement désarmée face aux petites lettres prétentieuses alignées devant elle. Parfois, jaillissent des éclats de lumière, fugaces et fulgurants sur lesquels, en rêve, nous bâtissons allègrement des pages et des pages de dictées miraculeuses et – pourquoi pas – l'éradication totale de l'analphabétisme. Hélas, s'ensuivent toujours des passes désenchantées. À ces moments-là, les mots sur le papier se lèvent pareils à des ombres malfaisantes qu'on jure de terrasser, coûte que coûte.

Elle dit : « Quand le cyclone 28 est passé sur la Guadeloupe, il était loin, Asdrubal, en France, je ne sais. Il demandait pardon pour tous les coups. Il envoyait des cartes en forme de cœurs parsemés d'un sable pailleté d'or, des lettres parfumées à la rose sur lesquelles il avait tamponné des bouquets de fleurs et des figures de Blancs se donnant des baisers. Des lettres ! D'amour, s'il vous plaît ! Un enfant du voisinage lisait les belles phrases... "Chérie de ma vie. Mon cœur palpite pour toi seule, mon adorée. Mes baisers s'envolent vers tes lèvres sucrées. L'amour est un feu qui ne s'éteindra jamais entre nous..." Asdrubal, je me figurais que les colonies avaient arrangé tes sentiments. Sotte, j'ai cru que tu avais appris à vivre à cause de l'uniforme français. Je t'ai attendu, monsieur Asdrubal. J'ai même essayé d'apprendre l'alphabet, pour lire moi-même tes mots d'amour et jouir toute seule de l'odeur du papier. Hélas, quand tu es revenu, tu étais le même Bourreau que le Seigneur m'avait donné pour ma vie sur la terre. J'ai pas couru sous les coups. Mais j'ai plus cherché à comprendre les écritures. J'ai plus caressé les lettres de France. J'ai plus rêvé de cœurs ni d'amour. J'ai attendu que ta bouche me dise pourquoi tu me rossais comme ça, pourquoi tu me considérais pas mieux que si j'étais une esclave que t'avais payée comptant, pourquoi tu aimais me salir et me fouetter avant de me renverser sans un mot. Non, j'ai plus jamais caressé tes belles lettres, Asdrubal. Je les ai pas jetées au feu, je les ai enterrées au bas d'un pied de muscade. Juste pour voir si elles pourraient donner des choses vivantes et belles, des fruits, ou bien des fleurs monstrueuses jamais vues en ce monde. »

Les mots d'amour ne sortirent jamais de la bouche du triste sire, seulement de son esprit, de ses doigts. Toutes les paroles menteuses du papier avaient jadis molli l'âme de Man Ya pour mieux la déchirer. Elle en gardait une défiance instinctive à l'encontre des écrits. Un bord de sa mémoire refusait de recéler cette comédie de signes. Monsieur Asdrubal était un homme instruit mais ça ne l'empêchait pas d'être un féroce. Il avait rapporté de ses campagnes des Félicitations de ceci, Grades, Honneurs, Mérite, Reconnaissance de la France à son fils de Guadeloupe. Toutes ces Distinctions encadrées et mises sous verre étaient pareilles à des yeux vitreux rectangulaires. Accrochées sur les plans de la case, couvant des hampes extravagantes et des jambages ampoulés, elles regardaient Julia avec un grand mépris, l'espionnaient pour le compte d'Asdrubal. Et il fallait passer chaque jour devant ces écritures qui soufflaient dans le cou la grandeur des faits d'armes outre-mer, faisaient tonner le canon dans la case et pleurer des âmes de militaires. Pendant qu'Asdrubal allait à ses affaires,

Man Ya scrutait les gravures, suivait parfois du doigt les lettres qui, mises bout à bout, certifiaient que le soldat Asdrubal était un modèle de bravoure. Belles majuscules, lettres bien tournées dessinées à l'encre violette. Menterie ! Et tout ce prestige, cette pension de guerre, venait de la France qui lui avait ordonné de tuer des hommes pour son drapeau aux trois couleurs, pour quatre, cinq terres conquises de par le monde, pour la Patrie et la Nation et le rayonnement séculaire.

Elle soupire : « Oui, les anges sont témoins. J'ai dit ça au Sacré-Cœur de Jésus. J'ai jamais prié pour quitter Asdrubal. C'est mon époux devant Dieu. C'est vérité, j'ai pris des coups. Mais je ne crois pas qu'il cherchait ma mort, Asdrubal, seulement un soulagement pour son âme. Ces enfants-là poursuivent de bons sentiments en me tirant dessous sa botte. Ils peuvent pas comprendre... Il est plus égaré que moi, Asdrubal. »

Après des années, Man Ya réussit quelque peu à écrire et signer son nom. Victoire arrachée, tellement fragile. Amère fierté. Elle a le temps de voir six hivers Là-Bas avant de retourner au Pays. À force de manger pommes-France et fraises, béchamel, pommes de terre, croissants chauds et clafoutis... À force de regarder la neige comme un miracle et les saisons comme une faveur du ciel, des Créoles ressuscitent nouveaux, tout différents sur la vieille terre de France. Man Ya, elle, dénie ces histoires de quatre saisons. Le premier hiver, elle l'a supporté pensant qu'il s'agissait juste d'une tribulation de rigueur pour tous les arrivants. Mais, quand elle comprend qu'il revient chaque année, elle vit dans l'espérance du seul été, mélangeant l'ordre de présentation des automne et printemps.

Au Pays, elle a connu des hivernages raides avec des cyclones-fin-du-monde juste venus pour écraser et dérailler les vivants qui transigeaient déjà tant avec la misère. La pluie, les inondations! Derrière sa case, la rivière devenait grosse d'un coup et charroyait des roches hautes et larges comme des bœufs. Julia regardait passer des pieds-bois entiers, tête en bas. Aussi bien, ça aurait pu être des corps à moitié morts, elle aurait rien pu faire et serait restée là, à regarder passer. La tôle craquait sous les coups du vent, les planches criaient. Sa vieille case ne cédait pas. Le plaisir du cyclone, c'est démonter les maisons que les privations et la volonté ont mises debout la veille, démâter poutres et planches, faire voltiger la tôle neuve qui plastronne et parie avec le premier venu que non, jamais, la rouille ne viendra miner ses ondulations argentées. Le carême arrive après Carnaval et finit avec les avocats de juillet. Carême c'est la sécheresse, le temps du manger pas gras et des prières envoyées au ciel pour demander deux petits jours de pluie sur les savanes roussies. Les plantations expirent. Carême donne un autre goût à la messe. Battements d'éventail, suées, robes-soie qui collent aux cuisses, bouches sèches. Pluie ou soleil, Carême ou hivernage, la nuit ou le jour, Julia aime le temps qui va ainsi, sans manières, régenté en deux saisons. Pour elle, le temps de France se déploie sur une musique trop savante qu'elle ne veut pas garder dans son esprit. Elle n'aime pas ce temps écartelé, tiré à quatre épingles. Est-ce le printemps ou bien l'automne, cette saison où les arbres sont en souffrance et pleurent tant leur feuillage?... Les enfants le lui ont dit combien de fois. Elle oublie, comme elle oublie les petites lettres de l'alphabet qui l'appellent sotte. En France, elle préfère rester dans son temps de Guadeloupe, qui balance entre pluie et soleil, entre l'aller et le virer. Elle dit qu'elle est trop vieille pour changer sa monture.

Man Ya ne comprend pas bien le français, ne le pratique pas. Mais, quand il n'y a plus rien à faire dans l'appartement, sinon allonger son corps sur une couche, elle s'assoit devant le poste de télé. Nous nous passionnons pour «Thierry La Fronde», «Le Petit Conservatoire de la chanson», «Belphégor-fantôme du Louvre», «Âge tendre et Tête de Bois» d'Albert Raisner, et quantités d'autres programmes en noir et blanc qui nous semblent, à l'époque, d'un intérêt suprême. Man Ya ne rit pas, ne s'extasie pas, ne s'émeut guère. Elle regarde la gesticulation des Blancs. Des fois, le sommeil la prend sur sa chaise, les mains jointes entre ses cuisses, pétrifiée par le train des paroles. Elle montre de l'intérêt au poste lorsqu'il encadre un, deux visages noirs. Elle demande le nom du personnage, la cause de cette faveur. Le pasteur Martin Luther King, le sieur Henri Salvador, Joséphine Baker et puis… Sylvette Cabrisseau.

Sylvette nous donna à mesurer les deux temps de la gloire : Monter et Descendre. Applaudissements et puis sifflets. Tout d'abord, nous connûmes la stupéfaction. L'admiration suivit. Vint la fierté. Puis la fascination. Une Noire, Martiniquaise, la première de tous les temps, speakerine à la télévision française. Belle Sylvette élue parmi des centaines de milliers de Blanches… Nous n'arrivions pas à l'admettre, même en nous forçant à l'extrême. Se faire à l'idée que tu allais parler combien de fois par jour sur le petit écran, annoncer les programmes des Blancs, nous paraissait sublime.

La première fois, nous t'avons guettée et attendue avec la même ferveur que des chrétiens espérant l'apparition de la Vierge Marie. Tu étais la plus gracieuse. Tes sourires s'adressaient à chacun et tes présentations, perçant nos cœurs d'une joie douloureuse, nous transportaient. Sylvette, sache que notre engouement pour toi ne faiblit jamais. Une Noire à la télé! À l'époque, rare était cette race à l'ORTF. Et puis, tu ressemblais – paraît-il – à une jeune négresse, cousine éloignée, qui venait en visite à Routhiers chez sa vieille marraine, Erzelie. «Mêmes gestes, même façon de tourner des yeux et battre des cils», disait Man Ya qui te faisait notre parente.

Hélas, l'état de grâce ne dura pas. Tu étais descendue dans la fosse aux lions. Un vieux démon se mit à secouer quelques-uns qui assistaient à ce cauchemar: «Une Noire, speakerine!» D'abord, ce furent des lettres de téléspectateurs anonymes: «Je ne suis pas raciste, mais cette Sylvette Cabrisseau ne parle pas un français correct et cela est dangereux pour la pureté de la langue française et nocif aux jeunes enfants qui apprennent à parler...» Ou bien encore: «Je n'ai rien contre les Noirs qui restent dans leur pays, mais la négresse qui présente les programmes fait peur à ma petite fille. Chacun chez soi!» Et puis... «L'ORTF déshonore la France en affichant des bamboulas! Il y a suffisamment de belles Françaises dans nos provinces pour nous épargner cette laide figure...»

Sylvette, tout ce que tu as souffert, nous l'avons enduré avec toi: injures, menaces, calomnies... Comme toi, nous étions déchirés, piétinés, démolis. Tu as disparu du petit écran, passée à la trappe, avec nos illusions en chapelet alentour de ton cou. Et nous t'avons perdue, à jamais... Tu étais notre gloire, un phare dans la nuit de

France… *Ta bouche, la bouche des malheureux qui n'avaient point de bouche, ta voix, la liberté de celles qui s'affaissaient au cachot du désespoir.* Nous étions amers, enragés d'impuissance. À la pensée de cette cabale qu'on avait déchaînée contre ta seule couleur, l'eau nous montait aux yeux. Des ongles griffaient nos estomacs et, sans faim, nous avions les entrailles retournées. Des fourmis-folles marchaient dans tous nos rêves, nous mangeaient en dedans même des os. Nous tenions à la verticale, mais c'était simulacre, pur théâtre. D'un seul coup, nous étions devenus des vieux arbres à moitié morts, minés par les termites. En ces temps-là, l'ombrage du plus petit oiseau, déposé sur une de nos branches, pouvait nous ébranler. Quand Man Ya s'inquiéta de ne plus voir Sylvette à la télévision, Paul raconta qu'elle s'en était allée à la Martinique, mais qu'elle avait eu le temps de ramasser des sacs d'argent, de quoi ouvrir commerce en grand.

Bamboula !
Négresse à plateau !
Négro !
Sale négresse !
Charbon !
Blanche-Neige !

J'ai douze ans. La télé cesse de nous fasciner. RACISME devient le mot unique qui sous-titre nos feuilletons favoris. « Zorro », « Le Sergent Garcia », « Thierry La Fronde » et « Les Cinq Dernières Minutes » nous paraissent soudain suspects. Leur monde nous ignore d'une évidence nouvelle. Et nous guettons l'apparition d'Un de notre complexion – un seul ! – qui viendra effacer Le Mot sur l'écran de la ségrégation. Parfois, un esclave surgit d'un film américain. Un porteur nègre suiveur d'explorateur prend de l'importance, se faisant dévorer par un lion. Une énorme servante noire à tablier blanc donne du «Oui, M'ame...», un valet astique des souliers en chantant son amour de la vie. Un Satchmo nous souffle l'espérance d'un bientôt d'égalité raciale. Nous admirons ceux qui – génies débrouillards! – ont gagné leurs petits rôles ou – virtuoses exceptionnels! – enchantent les oreilles des Blancs. Joséphine Baker et ses enfants adoptés de toutes races perdent leur réalité, nous refusons de croire à ce château de conte de fées, au bonheur partagé, fabriqué. Et lorsqu'elle apparaît, vieille, poudrée, les yeux éteints derrière ses lourds faux cils, avec plumes et paillettes, chantant «J'ai deux amours, mon pays et Paris...», nous balançons entre admiration et défiance. Inconsolés de notre belle Sylvette, nous supposons qu'un jour aussi Joséphine connaîtra la disgrâce. Nous nous contentons de si peu : Henri Salvador chantant «Nos ancêtres les Gaulois», les Surfs à Trinidad tout là-bas aux Antilles, les Claudettes noires de Claude François, Tom Jones, Nancy Holloway... nous les aimons tous, du seul fait de leur couleur.

Tandis que nous ne cessons de critiquer la télévision française, Man Ya prend goût aux images, s'intéresse aux informations qui la mènent sur tous les continents et enjambent les océans dans une facilité surnaturelle, pour montrer des parcelles du monde, des morceaux d'histoires vivantes. L'Afrique, le Biafra en guerre et ses enfants affamés. Le pape Paul VI. Un Kennedy assassiné en Amérique, le Pandit Nehru frappé à mort en Inde. La guerre au Pakistan. Les inondations en Italie. De Gaulle à Moscou... La télé produit des images en pagale qui disent que le monde est petit en vérité, vite parcouru, mais surtout déchiré, fragile, ensemencé de haine. Les longueurs de mers ne sont plus une affaire pour personne, sinon pour elle, Julia. La terre est comme un grand corps avec des hauts et bas, des endroits exposés, des faces peu explorées peuplées de vivants qui – croit-on – n'entraveront jamais la grande marche des mondes technologiques. La terre couve des chairs malades et d'autres en apparente santé, tant de parties blessées, béantes et purulentes, détruites en profondeur. Le nombril de ce monde se trouve partout et nulle part. Et toutes les catastrophes que charrie la télé menacent de se poser n'importe où sur la terre, comme des mouches annonçant la gangrène. La Guadeloupe ne serait pas épargnée. Les Derniers Jours semblent chaque jour plus proches.

Man Ya est une fan d'Édith Piaf. Elle court se poster devant la télé sitôt qu'elle entend trois accords. Même si elle ne comprend pas toutes les paroles, elle sait que cette femme chante l'amour et dénonce la souffrance. Ses mains tourmentées, ses paupières lourdes d'une peine ancienne envoûtent Man Ya. Édith a pourtant si peu d'armes : sa croix sur sa robe noire, sa voix qui sort du ventre pour crier : «Mon Dieu, mon Dieu, mon Dieu, laissez-le-moi encore un peu… » Alors, Julia pense plus fort à Asdrubal qu'elle a abandonné, tout seul, avec son mal, à Routhiers-Capesterre.

Personne n'a jamais pu démêler les fils des sentiments qui liaient Man Ya à son Asdrubal. En France, elle priait chaque jour pour retourner près de lui, sous son joug, pour qu'il tienne la santé, qu'il ait de quoi manger… Lui-même, à ce qu'on chuchotait, tomba en peine dans sa solitude nouvelle. Pourquoi voulait-elle tant le retrouver ?

Nul ne le sut jamais... Seul *Autant en emporte le vent* me donna l'ébauche d'une explication. J'en concluais hâtivement que les grandes personnes étaient des gens qui ne comprenaient rien aux sentiments, comparativement aux enfants qui savaient aimer et haïr et classer ces deux extrêmes dans deux cases opposées. Les grandes personnes pouvaient aimer une créature qui ne les aimait pas. Ils arrivaient à aimer et haïr en même temps la même personne. Ils étaient aussi capables d'aimer, puis de haïr, et d'aimer à nouveau et ainsi de suite, jusqu'à ce que mort s'ensuive... Man Ya était donc une Vivien Leigh et Grand-Père Asdrubal un Butler arrogant sur son cheval.

Elle dit : « Monsieur Asdrubal c'était un genre fanfaron. Il m'a jamais parlé comme à une personne. Toujours comme à son esclave. Tout ce qu'il me disait, je faisais. J'ai jamais dit non. Quand il parlait à d'autres, ça sonnait tocotoc, bel français. Quand il était las de me voir, il criait : "Marche !" Asdrubal, il était fort dans les écritures, mais il mettait aussi ses mains en terre. L'encre tachait ses doigts, comme le lait de la banane. Même si je l'appelais Bourreau derrière son dos, je l'ai toujours respecté. Il m'a donné son nom et trois garçons. Peut-être qu'il regrettait de m'avoir épousée. Peut-être, quand il me regardait avec mes cheveux grénés, mon nez large, il sentait qu'il m'aurait tuée tellement j'étais pas à son goût. Négresse noire à gros pieds. C'est peut-être pour ça qu'il me foutait à grands coups. »

Chaque jeudi, nous nous asseyons autour de la table de la salle à manger, pour écrire à papa qui est à Tahiti dans l'océan Pacifique où l'armée

106

l'a envoyé. Nos lettres prennent bien vingt jours avant d'arriver à Papeete. Munis de cinq dictionnaires et dix encyclopédies (les lettres mal orthographiées nous reviennent corrigées à l'encre rouge), nous racontons toujours les mêmes contes, les promesses de sagesse et de notes bellissimes pour l'honorer et prétendre, plus tard, à un bon métier. Sans savoir ni lire ni écrire, Man Ya nous contrôle…

« – *Pa fé pon fot sé ti moun la ! Papa zot pé ké kontan !* C'est travailler qu'il faut, travailler ! Aller à l'école pour pas devenir une bête, sans instruction comme moi, qui connais même pas A ! »

Si ces paroles tombent à un moment où notre frénésie de lui apprendre à écrire s'est couchée, nous nous promettons de reprendre son apprentissage encore une fois, dessiner encore et encore sur l'ardoise les cinq lettres de son nom.

Julia, tu écris miraculeusement ton nom le jour où nous t'apprenons la mort d'Édith Piaf.

Un temps passe.

Et puis, Édith revient chanter à la télé, comme si de rien n'était. Vivante dans sa robe noire, toute frêle et vibrante de souffrance. Avec sa même croix de Jésus-Christ, ses mains tourmentées, sa chanson «Mon Dieu! Mon Dieu!…». C'est Noël. Man Ya n'a pas compris le prodige de la télévision qui a pouvoir de ressusciter indéfiniment. Elle est persuadée que nous avons inventé la mort de son idole. Elle nous injurie presque. Longtemps, elle croit que nous nous sommes moqués d'elle parce qu'elle ne sait ni lire ni écrire. Même pas A.

L'éducation

Obéissance
Écouter les regards
Peser les silences
Comprendre sans paroles
Faire vitement une croix sur sa bouche
Mesurer la longueur du souffle

Politesse
Saluer les gens dans la rue, même si inconnus
Respecter les grandes personnes
Dire merci
Pas faire de voracité

Vérité
Toujours la dire
Ou bien se taire

Travail
Pas fainéantiser
Y a toujours quelque chose à entreprendre,
à terminer, à réparer
Travailler
Apprendre les leçons
Nettoyer la maison
Et s'asseoir, digne, son pain mérité

Distraction
Laver
Coudre
Repasser
Récurer
Balayer
Travailler
Travailler
Travailler
Souffler
Se reposer

Man Ya ne veut pas me laisser un peu tranquille. Tandis que je voudrais passer des temps et des temps à rire, inventer des histoires en me tournant les pouces, perdre du temps à poursuivre Élie ou Rémi pour rendre une dernière tape, gâcher du temps dans la couche à user mes yeux dans un livre, Man Ya m'assomme avec son goût terrible pour le travail. Elle voudrait que je m'échine comme elle, du matin jusqu'au soir, dans des tâches ménagères ingrates, alors que j'ai tout mon avenir à préparer, des montagnes de leçons, des devoirs par milliers, et surtout le journal de Mickey ou bien un *Salut les copains* caché sous mes cahiers. Elle m'appelle trois fois. Je pouffe de lassitude. Quatre fois. Cinq fois. Alors, je finis par crier la réponse imparable, toujours prête, qui stoppe ses injonctions : « J'AP-PRENDS-MES-LE-ÇONS !!! »

Man Ya n'est pas un exemple d'instruction : parfois, elle le voit clairement sur nos visages, en ces moments tendus où nous cherchons à lui faire écrire son nom. Dans ce monde où nous vivons, Lire, Écrire, Compter représentent la sainte trinité au Panthéon du Savoir. Nous éprouvons une gloire à marcher dans ces mangles. Nous nous découvrons savants, érudits, philosophes, grands alphabètes. Et nous sommes reconnaissants au ciel de nous avoir déposés sur cette terre bien après que Schœlcher eut tiré les Nègres de sous l'esclavagisme. 1848.

1848. Date de l'abolition. La grand-manman de Man Ya avait eu le temps de connaître l'esclavage. Mais ce mot-là, fallait pas le dire haut et trop souvent. Qui sait s'il ne reviendrait pas...

L'esclavage! c'est un mot honni des grandes personnes. Le seul fait de le prononcer les précipite dans une baille où blanchissent les os du temps d'avant. L'esclavage: sauvagerie de chair vendue, navires aux cales bondées de Nègres enchaînés, chiens déchirant des jarrets, le feu des fers, les pals, les verges, le fouet. Interroger, c'est lever un embarras. Se questionner, c'est perdre pied dans les grandes eaux de l'Histoire du monde, tour à tour démontée et faussement ensommeillée. On nous demande seulement de vivre au jour présent, laisser reposer la lie du passé, ne pas découdre ces sacs miteux où l'on a enfermé la honte et l'humiliation d'être descendants d'esclaves nègres africains.

Seule, Man Ya ose nous instruire. Elle excelle en ce domaine. Quand elle dit le Mot, des rivages sans soleil s'ouvrent devant nos yeux. Frissons. L'esclavage!... Une fois déjà, dit-elle, on a donné et repris la liberté aux Nègres. Man Ya l'a entendu raconter par de vieilles gens. On avait retiré leurs chaînes, jeté les clés, et puis on leur avait crié: «Allez!» Ce qui signifiait: la misère sans terre et la drive dans les mornes. On avait commencé à guillotiner les maîtres blancs les uns après les autres. Pendant presque une décennie, les Nègres y avaient cru, pris ce vent de liberté comme un argent comptant. Messieurs et dames, ils étaient partis, avaient couru, bougres femmes et enfants, avant de s'empêtrer dans cette belle liberté. On leur disait qu'ils avaient la loi française avec eux. Papier signé, tamponné. Sacrée belle liberté! Alors, ils avaient bu et dansé dans cette première abolition, hélant partout: «Nous sommes gens libres! Nous sommes gens libres!»

Un temps passa, temps de liesse et folie. Quand on leur cria: «Les cannes attendent vos bras, mes braves. Travailleurs libres, vous serez désormais!», ils emplirent les routes et fuirent en débandade. Y en a d'entre eux qui s'arrêtèrent, se mirent à dérouler des théories lumineuses, espérant retrouver dans les arcanes des lois françaises le chemin d'avant le grand voyage. Sans paroles, fixant intensément l'horizon, d'autres entreprirent de délimiter le Pays-Guadeloupe. On les vit marcher tout le long des plages et au bord des falaises, scrutant intensément les îlets retirés qui lorgnaient des terres inconnues jetées de l'autre côté des eaux. Une bande de Nègres explora les forêts jusqu'au col des nuages, ils trouvèrent jamais aucune piste. Des canots, baptisés *L'Espérance* et emplis de vivants furent livrés à la mer immense qui les avala d'un seul revers de lame. L'Afrique était déjà trop loin. Perdue derrière les voilures du temps. Enterrée dans les fosses des mémoires. «Retour pas-la-peine», disaient les plus blasés. Où aller? Dans quel village et en quelle famille remettre son corps? Le nom des tiens? La langue qu'on parle là-bas? Dis un, deux mots que tu as gardés pour le jour des retrouvailles! Las, toutes ces mers traversées avaient noyé les traces, les marques et les odeurs. Y en a qui s'en consolèrent jamais et repartaient, en songe, le nez au vent, les ailes déployées. Ils faisaient le voyage dans la nuit et revenaient dans les frais alizés, au matin, la tête recouverte des fleurs du baobab. Ils étaient parfaitement reconnaissables parce que tout chargés de grigris et sentant la bête fauve. De leurs tournées, ils rapportaient des contes dont ils étaient héros. Ils avaient soi-disant affronté et vaincu des lions, des tigres et des colonies de sauterelles. Ils avaient parlementé avec des chefs africains, signé des pactes et des alliances qui promettaient d'envoyer aux Isles à sucre des dieux plus forts que Jésus-Christ et le Saint-Esprit réunis.

Et puis, il y en avait qui, se donnant la main, voulaient se construire un pays sur cette Guadeloupe. Las, le temps de compter les bras, on rétablissait déjà l'esclavage. La loi venait de France, c'était écrit, signé, tamponné. On disait que la Martiniquaise Joséphine l'avait, dans sa couche, elle-même dictée à Bonaparte. Alors, on eut beau imprimer des mots de papier pour dénoncer la loi, il fallut lever des armées au nom de la liberté, et tomber sous les balles. Chiens aux talons, les Noirs traqués reprirent le chemin des habitations, le purgatoire des champs. Des Marrons, Nègres rebelles, qui refusaient les fers, ouvrirent les montagnes. Ils y bâtirent des villages où se gourmaient tous les jours la rage, la haine et l'espérance. Ils pouvaient pas comprendre qu'on leur avait donné à goûter la liberté et puis qu'on la leur reprenait juste pour pas ruiner les possédants, Blancs-Pays, qui pleuraient les beaux temps négriers. Combien d'entre les esclaves ont maudit ces terres où on les avait menés perdre leurs âmes d'Afrique...

L'esclavage ! Man Ya pousse un grand soupir, secoue des chaînes invisibles et parle de l'abolition de 1848. Schœlcher, le Blanc sauveur. ...

Même si tu n'as pas été à l'école, tu connais son nom, tu connais la date de la libération.

1848. Les Nègres de Guadeloupe entrèrent dans l'abolition sans y croire. On les avait déjà échaudés avec un premier vent de fausse abolition. Alors, ils attendaient voir, voulaient pas s'habituer aux rites de la liberté nouvelle, restaient pétrifiés dans un genre de méfiance, toujours guettant le retour des temps raides d'esclavage. Et puis, petit-petit, ils élevèrent des cases, en bois, sans fondations, qu'ils déposaient juste sur quatre grosses roches et transportaient de terre en terre. Ils mirent des femmes en cases, osèrent des familles, firent des enfants aux corps d'autres femmes. Ils ne croyaient qu'à demi en cette libération, en abusaient jusqu'à l'ivresse, de peur de la voir disparaître au mitan de la nuit, quand ils quittaient la couche d'une négresse pour courir vers une autre. 1848, c'est pas si loin, dit Man Ya, faut pas remonter aux premières dents du Grand Satan, juste avant-hier soir, l'autre jour. Qui sait si un jour prochain, une loi remettrait pas les Nègres aux fers ? La loi sur papier timbré fait plier tous les hommes, belle écriture et encre violette.

Nous frémissons.

L'idée de l'esclavage habita mes nuits. Je voyais la terre d'Afrique. Un village de la brousse. Retour de la chasse des hommes. Négresses à plateau pilant le mil. Marmaille coursant des singes et des gazelles. Un village si tranquille. Et puis les négriers. Je voyais la cale du bateau, les corps entassés, la traversée, le tangage infernal, la terreur. Lequel de mes ancêtres avait connu ces fers ? D'où venait-il exactement ? Son nom ? Sa langue ? Tout était effacé... Interroger Man Ya ne renseignait guère. Même quand les Blancs lui criaient de retourner dans son pays d'Afrique, elle ne remontait pas au-delà de cette traversée-là. Elle laissait ça à ceux qui ne se consolaient pas d'avoir quitté leur famille de rois et reines en Éthiopie ou en Guinée.

L'esclavage !... Maudit esclavage qui avait fait des Nègres des maudits ! Par rapport à cet héritage de maudition, disait Man Ya, à présent, y en avait combien au pays qui trébuchaient dans le rhum, tournaient fous, marchaient main dans la main avec les frères de Belzébuth. Génération après génération, avec grande patience, des Nègres avaient bien tenté de sauver leur descendance en mêlant leur sang à des gens à peau claire. Y en avait tant et plus qui jetaient leur race juste parce qu'ils supposaient venir d'une souche pourrie, rebut du monde. Nous ne voulions pas croire à cette fatalité.

Man Ya n'avait pas cherché à éclaircir sa descendance. C'est Monsieur Asdrubal qui l'avait choisie, elle, négresse à gros nez et cheveux grainés. Lui, il disait descendre d'une famille des Charentes. En France, au cours de ses campagnes militaires, des Blancs lui avaient montré sur une carte l'endroit même d'où son nom était sorti. Son nom venait directement de France. C'était ni un nom fabriqué au jour d'abolition, ni un vestige d'Afrique. Il en était fier. C'est pourquoi il n'était pas parti en guerre comme un chien fou. Juste pour imiter les autres. Il était allé secourir la Mère-Patrie, défendre la terre de ses ancêtres.

Pour manman, le passé est mort et enterré. « Non, n'écorchez pas vos jeunes âmes aux épines de cet antan où Diable portait des culottes courtes ! » s'écrie-t-elle, pour nous préserver de la connaissance et de sa charge. Mais ses paroles, emmêlement de bois secs, s'embrasent seules au vent des pourquoi qui se heurtent en nous-mêmes. Les récits de Man Ya ourlent d'autres visions tirées des *Contes et Légendes des Antilles* de Thérèse Georgel, bâties des débris et brocards de la télévision : vieux films américains colorés d'explorateurs et de nègres dociles ; documentaires d'Afrique ; journaux télévisés ouverts sur une rue de Los Angeles, en pleine lutte pour la déségrégation et l'obtention des droits civiques.

... «*Soudain, à ses yeux horrifiés, surgit un village d'esclaves, avec ses rues de terre et ses cases de paille, et le tambour des jours de lune. Et des cases, de chaque case, sortirent des esclaves... Ils avaient sur le dos des marques d'étrivières. Et Malvan – le plus méchant des planteurs antillais – les reconnaissait! Ils parlaient :*

«*– C'est moi que tu as emmuré un soir de Noël, à côté de ton trésor.*

«*– C'est moi que tu as enterré vivant, ne laissant dépasser que ma tête crépue. Les fourmis rouges me mangeaient les yeux.*

«*– Et moi, je suis Domingue! Domingue, que tu fustigeas. Mon corps ne fut qu'une plaie. On me sauva par une friction à la pimentade salée. Alors, j'ai marronné une deuxième fois, et cette fois avec ma femme et mes enfants. Nous nous sommes réfugiés dans un trou près du rivage. Souviens-toi : tu y as mis le feu après avoir barricadé les deux ouvertures et tu nous brûlas, tout vivants.*

«*– Regarde-moi, je suis Akollo. Tu m'as traqué dans les bois et tu m'as mis aux fers, pieds et mains scellés, sous le four chauffé à blanc de la boulangerie, en plein soleil.*

«*– J'ai pleuré de fatigue après avoir chanté pour oublier et mes os m'ont fait mal. Et ils criaient* *tous malédiction. Ils étaient horribles à voir, horribles dans la mort. Et le vieillard mourut sans fermer les paupières.* »

Je me souviens de la main qui tend le livre, mais j'ai perdu le souvenir du visage. Quelle personne vient un jour m'offrir ces *Contes et Légendes des Antilles* ? Une tante, une marraine, un soir de Noël, un dimanche de communion solennelle ?

Moi, je n'y trouve ni contes ni légendes, seulement des histoires véridiques qui authentifient les paroles de Man Ya sur la maudition du Nègre et la vie des esprits. Ces histoires charroient le monde des Antilles où les vivants et les morts se parlent naturellement pour régler les affaires de chacun. Le Diable souffle sur les destinées et combat les anges et archanges du Bondieu. Joséphine Tascher de la Pagerie et Bonaparte s'énamourent pour le malheur des Nègres qui rusent par la force des choses et sortent toujours victorieux de la mort, déployant les ailes du voyage pour échapper aux chaînes. Ti Pocame, Vanousse, Chrisopompe de Pompinasse, Féfène, Cécenne la plus belle en bas la baille se gourment avec la vie et ses attrapes. Et tant d'autres, animaux à paroles longues et humains se changeant en bêtes à sabots ou gros becs, Compères Tigre et Lapin, Ti Jean l'horizon, se présentent à moi dès que je les invoque... Ils ont cinquante vies et quelques, inépuisables, et j'ai beau lire et relire, piller les pages, les Antilles n'en finissent jamais d'emplir les sacs vides de ma quête. Là, rien ni personne, pas même le temps, ne meurt jamais tout à fait. Il y a toujours une résurrection possible, un envol probable, un retour pour une échappée belle. Alors, je comprends mieux la mélancolie de Man Ya, sa peur de mourir ici là, sur une terre muette où les arbres n'ont pas d'oreilles, le ciel et les nuages barrent le souffle des anges, où le temps marche en conquérant, sans jamais regarder derrière lui, piétinant toutes choses.

Elle dit : « Je sais pas si Asdrubal m'aurait fait endurer tant et tant si j'avais été une mulâtresse. Je peux pas dire. Quand il est revenu de sa guerre en France, j'ai juste pensé qu'on traverse pas sa destinée, il faut rester en bas du fer sans crier. Il me battait plus fort qu'avant. Comme s'il avait besoin d'un soulagement. Pour oublier le sang. Et les bras arrachés. Le cœur arrêté des Nègres des colonies dans la boue des tranchées. Les yeux ouverts dans la mort. Donner des coups, ça soulage toujours. C'est comme quand j'arrache des herbes-Guinée dans le jardin. Je songe à rien d'autre qu'à arracher. Je songe ni au soleil qui fend ma tête, ni au voyage des ancêtres, ni à demain qui viendra, si Dieu veut. Il cherchait un soulagement, Asdrubal. Il avait peur d'étouffer dans la pensée des morts qu'il a vus dans la guerre en France. Mourir sans fermer les paupières… »

Elle dit : « Mon Dieu ! Fais-moi retourner ! Ces enfants-là sont grands déjà. Ils ont pas besoin de moi autant que Monsieur Asdrubal. J'ai marqué le chemin pour eux… Et même s'ils parlent RRR dans leur bouche, ils entendent ma langue. Et même s'ils répondent rien qu'en français, ils sont la chair de ma chair. Et si un jour, ils s'en viennent à Routhiers, ils seront pas perdus. J'ai marqué le chemin. »

Le matin où Man Ya ouvre le cahier d'Élie sous le robinet, personne ne s'en étonne. Élie en demande un neuf. Man Ya prend la situation en main. L'une après l'autre, elle expose les pages à l'eau froide et, tranquillement, regarde couler les écritures défaites dans le trou de l'évier. Elle n'a pas besoin de frotter ni brosser. Juste laisser l'eau emporter l'encre violette des paroles couchées là, pour faire un cahier vierge. Habitués à ses idées d'une fulgurante simplicité, nous la regardons laver toutes les pages, avec grande patience. Juste feuilleter le cahier sous le filet d'eau chlorée qui démêle les lettres de l'alphabet. Se contenter de regarder passer les mots comme elle regardait passer après cyclone les grands arbres déracinés et les roches hautes et larges, dans la rivière au fond de la ravine, derrière sa case. Seulement sentir couler entre ses doigts les paroles décousues et les règles de grammaire, les adjectifs, les noms propres et les fautes d'orthographe. Quand un véritable cahier neuf apparaît, Man Ya secoue déjà le cahier délavé qu'elle met à sécher sur un radiateur à côté de son mouchoir de poche. Le lendemain, les pages sont dures, affreusement gondolées. Élie s'en sert quand même, pour ses plus beaux dessins : des soleils et des cases de Guadeloupe qu'il a vus dans les yeux de Man Ya.

Elle dit : «Asdrubal, il aimait ça chez moi. J'ai jamais gaspillé ni jeté. Toujours économisé. Lui, c'était l'homme aux grands dièses. Manières d'aristocrate et paroles éloquentes avec poses et silences. Autorité et discipline. J'ai jamais discuté de rien avec Asdrubal. Il aboyait après moi. Ou alors, il grognait. Ou il sifflait et tapait son pied ou sa canne. Ou encore, il voltigeait un manger pas à son goût, un linge mal repassé. Je ramassais. Je courbais le dos. Je disais dans mon cœur : "Bourreau ! un jour, tu verras les yeux du Bondieu et tu devras répondre de toutes tes actions."

Mais peut-être qu'on le laissera pas aborder... Qui dit qu'on lui donnera deux ailes pour joindre le ciel ? Y en a qui héritent de sabots pour aller grand galop ad vitam eternam sur la terre. Si tel est son destin, gloire à Dieu ! C'est pas la méchanceté qui l'a mis là, à me rosser. C'est peut-être les yeux des autres. Tout ce qu'il y avait dans le regard des autres. Et il devait se demander qu'est-ce qu'il faisait avec une créature en couillonnade comme moi. Il aimait les négresses. Toutes les femmes qui ont porté ses fruits étaient de ma couleur. Il prenait celles à taille fine et bouche en rond. Y en a qui passaient devant ma case, elles disaient "Bien bonsoir, Man Asdrubal !" alors même qu'elles poussaient un ventre pour Asdrubal. J'ai jamais cherché à connaître leur famille. Des jeunesses qu'il coursait ! Elles tombaient pour la gloire qu'il avait ramenée avec la pension d'Ancien Combattant. Elles voyaient le lot de décorations qui breloquaient sur son veston blanc amidonné. Elles restaient prises dans son français et la façon qu'il avait de marcher raide et d'ôter son casque pour saluer les filles ordinaires. La nuit, elles l'ont jamais entendu claquer des dents. »

La médecine

Le manque du pays se manifeste en tous lieux et à toute heure. Il apparaît dans l'absence de couleurs au ciel de l'esprit voyageur qui vit de nostalgie. Endurer ce manque, le pomponner ou le couver, c'est souffrances assurées et soupirs. C'est habiter Là-Bas, habité par le Pays.

Nourrir ce manque, c'est acheter du poisson d'eau douce en France, le coucher dans une saumure d'imitation – il n'y a ni citron vert ni piment-*bonda-Man-Jak*. Faire revenir tomates et oignons dans une once de beurre-rouge Masclet tiré d'un colis des Antilles. Déposer le poisson, laisser cuire, puis manger. Constater l'offense. Alors, rêver au Pays. Quêter parfums et plaisirs de bouche auprès de la mémoire. Réinventer une mer caraïbe. Se poster sur un bord de plage. Attendre le retour des pêcheurs. Haler les canots parmi les habitués, comme si l'on n'avait jamais quitté le Pays. Regarder les poissons danser leur mort au fond des nasses. Et s'en aller, avec son butin : deux barbarins, un soleil, trois chats et une gorette, dans l'ombre d'un panier. Plus tard, fermer les yeux, sucer une tête de poisson rouge, écraser un pavé de fruit à pain dans la sauce court-bouillon et suer sous le feu d'un piment. Revivre tous ces goûts-là. Inspirer et roter.

Parer ce manque-là, c'est pour Man Ya panser

sa nostalgie avec des souvenances raclées au socle de la mémoire. Rêver et vivre le voyage du retour. Éternellement, jusqu'à l'usure. La vision magnifiée de son chez soi – avec ses habitations, son causer, ses contes aux cent mille soucougnans, ses faveurs chiches et sa méchanceté enracinée – la hante, apaisant ou écorçant son mal, tour à tour. Elle ne peut non plus fuir la pensée d'Asdrubal. Elle reste assise des heures à la même place, les yeux couverts d'un voile. Elle détire en elle-même des nouvelles rassises d'il y a longtemps, les tourne pour en voir l'envers, les découd et puis les recoud ensemble en pagale. Elle ne se résigne jamais à les jeter, même lorsque toutes ces visions ne sont plus que haillons claquant au vent de sa mémoire. Parfois, elle songe à ceux de Guadeloupe qui ont pouvoir d'enjamber la mer en passant le pied par-dessus une bassine d'eau. Qui donc connaît l'endroit où ces gens-là échouent ?...

Un bougre de Routhiers, pratiquant magies noire et blanche mélangées, disait avoir touché la Guinée, par un jour de grand alizé. Il faisait grand ramage du masque de coquillages qu'il avait rapporté – soi-disant – de cet autre rivage accosté. Une autre, capresse, sorcière de Cacoville, avait atterri, et même cassé un os de son gros orteil, sur une contrée de Nègres-café qui coquaient les oiseaux comme des femmes, une terre à conquérir, à mettre en cage. Un homme inique, qui rêvait autrefois de faire sortir de sa descendance un administrateur des colonies, au pire un gouverneur, réussit à poser en même temps un pied en France et l'autre sur l'Afrique. Il demeura les graines écartelées et, jusqu'à sa mort, continua à balancer entre les deux terres. Personne ne put jamais dire en quel lieu retourna son esprit.

Si Man Ya avait tenu un seul fil de ce pouvoir,

122

elle aussi aurait enjambé la bassine d'eau magique, pour retourner à Routhiers. Juste pour voir si rien n'avait bougé, si les *poulbwa* n'avaient pas mis sa case à terre, si Asdrubal n'était plus tourmenté par les revenants, si la rivière charriait toujours la même fraîcheur d'eau. Juste le temps d'arracher deux, trois pieds de vieilles herbes voraces, de récolter café et féconder vanille, de regarder le soleil sortir derrière les bois...

Imaginer la vie qui va, sur l'autre bord de mer.
Désamarrer son esprit d'ici-là, tourner volant.
Laisser sa peau-France sur la couche.
Et s'en aller, les ailes ouvertes au vent.

Il y a un temps, Man Ya refuse de quitter la couche. Un genre de mélancolie la terrasse. Elle gît sur les draps, pareille aux dauphins bleus qui viennent échouer leur vie sur la plage, à Four-à-Chaux ou à Roseau. Elle est là, sans être là. Son esprit peut retourner, mais son corps ne suit pas. Alors, elle pousse de forts soupirs. On pense qu'elle cherche à envoyer du vent dans les voiles d'un engin invisible, rétif au décollage. Hélas, ses ailes ne se déplient même pas. Son souffle ne déchaîne ni tourbillon ni tempête. Ses pieds ne lèvent jamais que la poussière des draps. Seul son esprit voyage, chevauche les longueurs de temps, dévale les mornes, enjambe les mers. Il s'échappe à volonté, va.

En cet autrefois, Man Ya ne parle plus, recèle ses contes. Son génie s'éteint et ses idées d'éducation (travailler, travailler, travailler...) ne viennent plus agacer nos oreilles. Inquiets, comme des chiens nouveau-nés gémissant alentour de leur manman malade, nous la veillons nuit et jour. Bien sûr, l'origine de l'affection est connue de chacun. Mais le remède apparaît plus mauvais que le mal. La retourner en Guadeloupe, sous la botte du Bourreau, c'est pour nous comme l'expédier directo à la potence, avec la bénédiction du Grand Satan et nos remords aux premières loges. Face à ce dilemme, on appelle un docteur – savant des quatre saisons. L'homme, très doux-très doux, dénonce le Mal du Pays et prescrit illico une page de remèdes.

Le mal dure.

S'étire.

Voit passer trois saisons.

Use deux médecins jeunots.

Et engouffre des centaines de tablettes.

Julia a, semble-t-il, perdu le don qu'elle avait de prendre chaque jour comme il vient pour le haler jusqu'au soir. Elle n'a ni faim ni soif. Elle veut retourner. Elle veut voir Asdrubal. Il a besoin d'elle. Daisy a beau lui expliquer que la vie en France est douce et salutaire pour son corps. Paris, la tour Eiffel! La France, pays de liberté! La gloire du général de Gaulle! Tellement de Nègres rêvent des Champs-Élysées, de l'Arc de triomphe. Alors, elle doit remercier la chance et comprendre qu'elle a eu raison de quitter la misère, la sauvagerie. Ici-là, en France, elle peut se reposer, faire des grasses matinées, manger de la viande tous les jours que Dieu fait. Mais Julia n'apprécie pas tous ces bienfaits de France. La tour Eiffel peut rester dressée sur ses talons aiguilles, Joséphine Baker peut continuer à chanter ses deux amours, le Général peut libérer une seconde fois la France. Man Ya s'en fiche. Elle veut une seule chose, un seul remède : son billet de retour, sa vieille case à Routhiers, son jardin, et Monsieur Asdrubal...

Il faut qu'on lui donne à tenir l'espérance d'un

retour prochain pour qu'elle se lève enfin de sa mélancolie. Quitte la couche et consente à reprendre sa place d'entre nous. Incapable d'empêcher son cœur de pleurer, elle attend. Patience. Les médicaments l'accablent. Un peu de sa force est restée enliannée dans la couche. Une désolation couve sous ses paupières. Des plis nouveaux se sont déposés entre ses sourcils, petits V qui figurent des ailes parées à l'envolée. L'idée de revoir son Routhiers l'habite tout entière. Elle attend que sonne l'heure.

Elle a fait une croix sur sa carte d'identité française.

Elle a signé pour combien de temps?

Pour quelle mission?

Juste une croix qui l'a enchaînée.

L'année où le *Torrey Canyon* fait naufrage, déversant son pétrole le long des côtes bretonnes, Man Ya m'apparaît en songe. Changée en mouette, elle défie la marée noire, usant ses derniers souffles dans un effort démesuré, sans cesse recommencé.

À cette époque, le froid, qu'elle supportait au début de sa vie en France, l'assaille d'un coup. Des douleurs se mettent à l'habiter en toutes saisons. Le docteur les nomme : rhumatismes, arthrite, bronchite, vieillesse, vieux os. Mais Man Ya rit dans la dérision. À ses yeux, le médecin est un grand ignorant. Elle a déjà fait son propre diagnostic, y croit mordicus : le mal dont elle souffre est le résultat de pratiques sorcières destinées à la tourmenter jusqu'à ce qu'elle retourne auprès de son époux. La description de ces souffrances nous bascule dans l'épouvante. Imagine des aiguilles plantées dans ses os, des volées de coups de bâton brisant son dos. Des feux allumés pour brûler ses entrailles. Imagine sa tête fendue par un coup de sabre, son cœur percé dans sa poitrine, un mauvais sang caillebotté dégouttant dans ses veines au lieu de couler flots. Figure-toi ses reins pilonnés, ses jambes meurtries, son arbre de vie tout à fait effeuillé...

Elle dit : « On s'occupe de mon corps. On a dû faire crier des puissances infernales. Je les sens tout alentour. Sûr. On me lâchera pas tant que je serai pas retournée. La France, c'est Tribulations et Emmerdations... Seigneur, je prie pour un soulagement, mais Tu fais à Ta volonté. Tu disposes de ma vie. Tu connais mes pensées, mes actions. Mon corps est en souffrance. Je Te donne pas d'ordre. Je suis Ta servante... Seulement, je peux Te dire que toutes ces quantités de mers entre Asdrubal et moi, c'est pas bon. Ça fait pas reculer ceux qui ont coutume de démembrer les malheureux. On veut que je retourne. On a le droit de faire tout pour que je retourne. Et moi aussi je Te demande pour retourner, Seigneur. Je sens bien que les médecines ordinaires n'ont pas d'emprise contre les maladies qui tombent sur mes os. On plante le mal pour récolter le bien. Depuis combien d'années que je vis dans le péché, séparée de mon mari devant Dieu ? C'est à moi qu'Asdrubal a donné son nom. S'il fait des bêtises, Asdrubal, c'est juste pour sentir qu'il est vivant, que les défunts qui le terbolisent l'ont pas enterré avec eux dans la fosse où la mort mène le bal. »

Soigner ses douleurs dans une France où il manque de tout, c'est hérésie. Au Pays, Man Ya ne visitait jamais le médecin. Son jardin lui donnait des plantes à profusion. Pour faire aller les

gaz, il y avait : herbes à clous, gros-thym, citronnelle mélissa. Si une douleur se présentait, un
emplâtre de feuilles de *karapat* ou bien une, deux
frictions de fleurs du papayer mâle lui apportaient
un mieux. Chaque mal avait son remède. Pomme-
coolie, herbe puante, chiendent, bilimbi, pourpier,
dartrier, bois-trompette, herbe à charpentier...
Le Bondieu ne laissait pas les humains à la merci
des assauts, fièvres, vers, refroidissements, dévoie-
ments, inflammations. Ici-là en France, elle se
contente de regarder la marmaille se gratter le
séant, souffrir du ventre et tousser gras. Pas un
pied de semen-contra aux abords... Des fois, ils
auraient bien mérité un bain, un frotter, un
lavement, une purge, une infusion. Mais, ici-là,
on ne voit que le chemin de l'officine, les sous
déboursés et la génuflexion devant les cachets
blancs fabriqués en usine. Au Pays, elle disposait
des remèdes de la nature... Herbes-à-tous-maux,
consoude, pervenche de Madagascar, cochleria,
curage... Chaque feuille, fleur, graine ou racine
avait son usage, ses actions, ses alliés et ennemis.
Man Ya cataloguait les plantes qui dispensaient
des bienfaits, ces autres qui servaient maléfices
et empoisonnements. Celles, secrètes et rares,
qui ne s'étaient pas encore nommées, mais récla-
maient respect. Il fallait attendre leur temps,
parce que, assurément, le Bondieu ne les avait
pas créées sans raison.

Une fois, une seule, elle retrouve les gestes pour
couper la diarrhée d'un enfant. Met à bouillir
ensemble une poignée de riz et un quignon de
pain grillé. Fait comme si le manque du bour-
geon de goyave ne la blesse pas, n'entrave en rien
son assurance. Grâce à Dieu, le patient est sauvé.
Pendant un, deux jours, Man Ya semble revigorée

et brandit de nouveau son étendard et sa doctrine : travailler, travailler, travailler.

Quand elle retombe dans sa mélancolie, la cité lui apparaît comme une contrée déshéritée du savoir principal. Elle y voit croître toute l'ignorance du genre humain. Est-ce qu'un jour cette marmaille saura authentifier les feuilles de l'arbre à pain, celles du corrosolier ? Il y a tant d'espèces à dénombrer sur la terre, au ciel et dans la mer. Les enfants qui poussent là, dans la geôle de ces maisons en dur, perdent assurément le chemin du bon sens, à rôder qu'ils sont, si loin des essences de la vie, se dit-elle. Déjà, ils galvaudent le sentir, le goût et le toucher. Leurs yeux ne voient qu'à fleur des choses. Leurs oreilles n'entendent plus la respiration du monde, seulement les paroles, les voix emmêlées de la télé, les bruits grossiers. Et elle craint pour toute la science abandonnée qui, à présent, dort en elle comme une eau sans vertus. Sa connaissance des plantes, bénéfiques ou toxiques, lui semble parfois se dissiper dans une mémoire desséchée et défaite par le vent des hivers. Combien d'hivers déjà ? Trois, quatre, cinq... Elle oublie. Le temps et ses comédies d'ici-là la font piétiner dans un sentiment d'inutilité. Le gros du temps est à la désolation. Elle regarde passer les jours. Les lois qui gouvernent ici n'ont que faire de sa science. Elle encombre la France. Les Français le lui disent : Retourne dans ton pays ! Retourne... Elle veut bien s'en aller. Patience. Pour emplir ses journées, détourner ses pensées, elle s'assied devant la télé et regarde les Blancs babiller et remuer leurs corps. Parfois, elle sourit doucement à l'écran. Mais, plus souvent, ses yeux voient défiler d'autres spectacles, intérieurs et intimes, d'autres films qui mettent en scène sa vie auprès d'Asdrubal, ce demi-siècle qu'elle a déjà passé sur la terre dans l'espérance et la soumission.

Des fois, elle étouffe. Il lui faut sortir précipitamment. Elle veut respirer l'air du dehors, sentir la terre sous ses pieds, toucher des branches, des feuilles, des fleurs. Et tant pis s'il n'y a pas la moindre plantation alentour. Elle ferme les yeux et va et vient sur la grande pelouse interdite. Il n'y a que des arbres perclus, restés emprisonnés dans le béton des trottoirs. Au printemps, ils poussent leurs bourgeons comme des pians. En les voyant ainsi, morts-vivants, luttant pour revivre, donner des fleurs et des feuilles, elle comprend mieux pourquoi on n'enterre pas à leur pied l'ombilic des nouveau-nés d'ici... Depuis combien de temps n'a-t-elle pas touché la terre pour planter une branche ou une racine ? En ces jours, même Aubigné-Racan figure une cour du Paradis qu'on gagnera dans un prochain juillet.

Man Ya sombre par moments devant son incapacité à dominer le cours des choses. L'attente est une épreuve aussi. Pour apaiser ses maux qui défient la médecine ordinaire, nous avons si peu à lui offrir : bayrum, pour frotter ses douleurs rosses. Ventouses appliquées dans le dos pour dégager le vieil arbre, enraciné au mitan de son estomac, sur lequel ses bronches frissonnent comme les oiseaux d'après-cyclone. Pansements américains Saint-Bernard placardés sur les reins... Las, toutes ces pratiques naufragent les unes derrière les autres devant l'évidence et la puissance et le déchaînement des forces en présence. La France doit la laisser aller, dit-elle, songeant à Asdrubal. Et elle vit toutes ses souffrances sans jamais penser que ses ruminations ne sont, peut-être, qu'inventions, suppositions, lots de questions irrésolues, maladie de l'exil.

Dans ses derniers temps en France, elle accepte de voir sa peau craquer sous l'eau calcaire, son teint grisailler par défaut de soleil. Quand son huile *karapat* est épuisée, elle soumet ses cheveux à une graisse de baleine Bioliss en tube. Elle se couche sans prendre une tisane, comme font ici les gens qui n'ont pas soin de leur corps et ne savent plus nettoyer leurs entrailles. Elle s'en remet au Bondieu puisque voilà, elle en est réduite à vivre dans l'ignorance du temps moderne. On lui répète que le temps d'avant est échu, qu'il ne faut pas regarder en arrière. Alors, elle attend tous les jours le demain qui lui portera son billet de retour.

Parfois, lui reviennent les paroles de sa manman... « Une négresse noire doit montrer la blancheur de son âme et agir dans le bien pour mériter la paix du Christ. » Et elle se demande combien de temps elle devra endurer la vie en France, quels tourments, quels sacrifices restent encore à venir...

Elle se couche sur son lit à matelas mousse et se rêve sur son vieux grabat de Routhiers. Au-dessus de sa tête, la tôle rouillée parant la pluie. Les ronflements d'Asdrubal dans la chambre attenante. Les jeux de la lune. Elle ferme les yeux pour retrouver toutes les sensations bonnes d'autrefois. Hélas, à peine est-elle rendue que monsieur l'abbé surgit brandissant Bible, croix et chapelet. Le maire suit, registre de l'état civil sous le bras. Se tenant par la main, la robe noire et l'écharpe tricolore appellent... « Julia ! Julia ! Julia ! Retourne dans ta case auprès de ton époux légitime ! Il t'espère ! Tu dois lui donner sa dernière chance ! »

Parfois, le mal du pays semble s'éteindre en elle. Elle ne parle plus de retourner. Sa couche ne la voit qu'avec la nuit. Elle regarde la télévision bien tard, avec une volonté passionnée de voir les autres faces du monde qu'elle rassemble dans un *kwi*. *Kwi* ténébreux où se serrent tous les peuples déshérités. Elle devine la vastitude du monde, se la représente.

Elle songe à la désolation et au désorientement qu'ont vécus et que vivent ceux, comme elle, qu'on a enlevés à leur terre. Elle voit l'état du monde, ses guerres, la ruine, la faim, la mort violente. Elle revit sa traversée et s'embarque pour d'autres traversées, ultimes. Les longueurs de mer entre le pays perdu et le nouveau monde. Les longueurs de peine...

Couleurs

Délivrance

Quand Man Ya nous quitte, je pense ne plus la revoir…

Un cousin de passage en France la ramène en Guadeloupe. Son départ annoncé se fait dans un genre de précipitation contenue. Elle retient sa joie comme pour conjurer les démons qui crochètent les plans tirés sur l'espérance. Elle ne veut pas se réjouir en plein, sait-on jamais… Elle serre les dents, remercie Christ, nous disant que – si Dieu veut ! – la délivrance est pour bientôt. Délivrance, le mot a trouvé sa place légitime. Libération du Monde Ancien. Dernier rond au blafard du purgatoire. « Merci Seigneur Ô L'Éternel ! Dans Ta grandeur, Tu as exaucé mes prières ! Gloire à toi, Vierge Marie, Manman du doux Agneau ! » répète-t-elle dans ses prières du soir. En ces jours, sa figure resplendit. À l'idée du voyage, ses yeux, jusque-là ternis par l'idée de ne plus mirer son jardin, voient de nouveau couler la vie, comme yeux d'aveugle miraculé. La nuit venue, les promesses du demain secouent son corps de rires gras. Et puis, elle entonne à mi-voix des chansons anciennes où paradent les belles matadors. Elle veut même danser mais elle ne sait que tourner gauchement, entonnant le couplet d'une chanson de Bertrand et Léogane…

Dépi mwen kontré vou	Depuis que je t'ai rencontrée
Dépi ou rann mwen fou	Depuis que tu m'as rendu fou
Dépi sé vou tou sèl	Depuis que tu es la seule
Mwen ka touvé ki bèl...	Que je trouve belle

Dans sa jeunesse, elle n'allait jamais au bal. Pour dire vrai, elle n'avait guère eu le temps de chercher à ressembler aux donzelles poudrées à grandes robes-à-corps et dentelles et soie qui savaient, elles, comment damner les mâles. Négresse des champs, voilà comment Asdrubal l'avait connue.

Dépi sé vou tou sèl	Depuis que tu es la seule
Mwen ka touvé ki bèl	Que je trouve belle
Dépi ou enmé mwen	Depuis que tu m'aimes
Mwen pa konnèt ayen...	Je ne connais plus rien...

Négresse sans dièse. Acharnée au travail. Toujours à planter toutes qualités de racines, féconder la vanille, grimper aux branches des arbres et coucher ses nasses à ouassous dans la rivière. Le Bondieu lui avait donné dix doigts valides, un corps solide, un esprit fluide. Elle faisait un manger d'un rien, ne jetait pas le moindre sou. Elle n'était pas non plus de cette catégorie, main tendue, espérant sur la pension de l'ancien combattant. Elle vendait aux boutiques du bourg ses épices et légumes, ce qui fait qu'elle tenait toujours une monnaie. Elle aimait se sentir debout au mitan de ses terres, parmi tous ses pieds-bois : ceux qu'elle avait plantés et les ancêtres qu'elle avait trouvés là. Chacun avait sa place et elle ne chérissait pas moins ceux-là qui ne portaient ni fruits ni graines, mais baillaient de l'ombrage à son jardin créole. Elle les avait connus, jeunes plants avançant seulement des promesses en leur sève. Ils avaient grandi et elle les considérait comme de sa chair et de son sang autant que ses enfants. Elle-même prenait parfois une posture végétale, ne remuait pas jusqu'à l'engourdi, se figurait être une manman-arbre, écorce sombre, orteils marbrés de terre, bras hélant le ciel.

Enfin, elle s'en retourne, après ce grand détour en France. Elle veut une seule chose, retourner sur sa terre de Guadeloupe... même s'il est vrai que cette terre maudite ensorcelle, amarre les destinées. Elle ne philosophe pas sur le pourquoi et le comment de l'attachement à sa terre. La raison s'affaisse devant les sauts du cœur. Il n'y a pas de mots, seulement le manque qui aveugle et étourdit. Il n'y a pas de grandes théories, seulement de candides souvenirs que la mémoire travestit, des broutilles agaçantes, une pantomime extatique. La terre, comme une mère, qui enfante, nourrit et recueille.

Julia s'en va.

Un paquebot blanc l'attend.

Adieu foulards

Adieu madras...

Elle part.

Elle nous laisse à nous-mêmes.

Elle nous quitte dans la peine et les neiges.

Elle nous abandonne à la France.

Son absence pèse bientôt au mitan de nous tous. D'un coup, il y a Avant et Après Man Ya. Avant et Après... Le temps se toise différemment, entre pour moi dans des calibres d'heures, de jours courants d'air et de compter pressés. C'est comme si Man Ya était partie avec la mesure du temps. La chambre où nous dormons sur nos lits superposés paraît vidée de son essence.

Julia nous laisse à nous-mêmes.

Les cintres en fer qui ont porté ses robes ballottent dans l'armoire. La place de ses affaires reste longtemps vacante. Nous nous couchons à tour de rôle sur son lit, juste pour respirer le souvenir de son odeur dans les plis du matelas. Quand Man Ya était là ! disons-nous. Quand Man Ya était là... Elle a oublié ses pantoufles et personne n'y touche pendant ce long hiver. Même le balai en fait l'entour, avec respectation. On retrouve un côté de bas kaki dans un coin de commode. Personne n'ose le jeter. Une boîte de pansements américains souffre trois siècles à prendre la poussière sur une étagère. Saisis d'oisiveté, les râpes, limes, pinces et ciseaux à ongles rouillent subitement.

La vie dans la chambre s'agence dans une liberté nouvelle, imposée, excitante. Liberté scintillante et cousue de fausses perles qui nous embarrasse comme une grande robe de bal à falbalas volée à une princesse. Aboli le couvre-feu, envolés les regards ordonnateurs et les oreilles à l'écoute ! Terminés les plaintes et les contes diaboliques ! Sitôt refermée la porte de notre chambre, nous ouvrons nos ailes en grand. Nous veillons tard, enfin ! Nous basculons dans de longues confidences en disséquant nos sentiments les uns après les autres. Nous soupirons sur l'injustice d'être nées filles, la bêtise des garçons, les secrets de Paul et la rigueur paternelle. Hélas, nous découvrons que si Man Ya n'est plus là, en chair, sa pensée nous poursuit, sa voix revient comme sortant de nous-mêmes. Un vent ramène les effluves d'une lotion. Des soupirs se lèvent de son lit qui craque étrangement et censure tous nos gestes. Man Ya est partie, mais son absence est une présence aussi tenace que la nostalgie qui nous l'a enlevée.

L'odeur forte du bayrum.

Les arrachages de pansements américains Saint-Bernard.

Les pommes-France.

Les histoires de diablesses et vieux-volants.

Routhiers-Cacoville-Capesterre-de-Guadeloupe.

Les ventouses.

Le Sacré-Cœur.

Les cierges à la Sainte Vierge.

Les ronflements, les frotters, les «*Pa pléré ti moun*».

Compère Lapin et Ami Léphant.

La malédiction des Nègres...

Julia nous quitte dans la peine et les pleurs. Nous l'avons sentie mieux qu'une bienheureuse à son départ. Elle va retrouver son jardin qui lui donne le manger, les herbes à guérison, son chemin de Routhiers, ses grands bois au bas de la Soufrière, sa case au pied des Chutes-Carbet... Sa case, ouverte sur les quatre bords, regardant les quatre points cardinaux. Sans demander, sans frapper, la vie entre là. Nous entendons les babillages de la boutique de Louise, les bruissements du jardin, le boucan de la rivière, les chuchu de la source, les grognements des animaux. Et toutes les odeurs des alentours, tous les sons, ramassés par les vents, vont et viennent, prennent chez les uns pour emmener chez les autres, et ainsi, tout long, nuit et jour.

Elle nous abandonne à la France.

Retournez dans votre pays, Bamboulas!

Retournez! chez vous en Afrique!

Je veux bien retourner dans mon pays. Mais

quel pays ? Quelle Afrique ? L'Afrique du temps d'armée de papa ne revient plus à ma mémoire qu'en déballages irréels. Je veux m'approprier, pour mon restant de vie, des visions claires et palpables. Je ferme les yeux, fort. Je convoque saint Antoine de Padoue qui restitue toutes choses égarées ou perdues. Un convoi de cartons m'est donné. Je les ouvre les uns après les autres. Tellement de paille et de papier-soie pour d'infimes trésors : vieux insectes desséchés, trames d'araignées, éclats de soleil, rumeur de vents secs, ombres en poussière, masques guerriers, bibelots d'ivoire… L'Afrique ! Des amandiers immenses, immobiles. Des colonnes larges comme des pattes d'éléphant qui gardent le devant de la maison. Des paroles loin, sorties de la bouche des grandes personnes… l'histoire d'un lion dévoreur de famille. Le conte d'un Compère Tigre massacrant un village. Zembla, Akim, Tarzan. Des vieux livres d'images où les grands animaux d'Afrique sourient dans leurs moustaches tirées à l'encre de Chine. Des œufs d'autruche, des pagnes colorés, des riens, des riens…

Retourne dans ton pays !

La liberté nous étreint. Man Ya où es-tu ? Que fais-tu ?… Si le loup y était, il nous mangerait ! Un moment, je me couche comme Man Ya, sur son lit. Je souffle fort, pour gonfler les voiles et m'en aller, traverser les mers, et pareille à l'Apolline des *Contes et Légendes*, voler, voler, voler, jusqu'aux Antilles. On doit me secouer pour me tirer de l'apathie qui m'emporte. Mais je ne renonce pas pour autant. Je veux quitter cette terre-là qui me repousse. Alors, je deviens écriveuse d'après-midi, gribouilleuse de minuit, scribe du petit matin. Écrire pour s'inventer des existences. Porte-plume voyageur, encre magique, lettres sorcières qui ramènent chaque jour dans un pays rêvé. «Ici-là, tu es chez toi!» entends-tu murmurer. Baume au cœur. Écrire le fond brûlé d'une casserole de crème-caco, des souvenirs cerf-volant, des enfants qui dansent sous la pluie face à une savane bleue. Écrire pour animer des souvenirs: Papa Bouboule dessous la véranda, une lampe qui fume, une peau de femme volante accrochée au clou d'une porte, des malédictions par brassées, des enjambements de mers, des lames fouaillant le rivage. Écrire pour pétrifier l'entour, et fondre la neige des hivers à pleurer de froid.

J'ouvre la fenêtre. Je sens, je hume. Et, la tête enflée des odeurs du monde qui dérive dehors, je crois pouvoir trier tous les parfums des vents comme grains de riz ou pois. Je me dis que, peut-être, un alizé mènera pour moi les senteurs du jardin de Man Ya. Vanille, cannelle, caco, café grillé, muscade, poudre à colombo. Je plonge mon nez dans la boîte en fer-blanc qui tient les bâtons de ceci, les gousses de cela, les essences d'amande amère et les écorces d'oranges sèches. J'aspire un grand coup. Et, souffle coupé, je cours dans ma chambre où je lâche ces fragrances enivrantes.

Retourne dans ton pays!

On croit que je serre ma fainéantise derrière mes folies d'écritures inutiles. J'écris les contes et légendes de Julia... Je la vois retournée à son Routhiers dans une gloire nouvelle. Asdrubal se prosterne à ses pieds. Mais Julia n'a que faire de sa flagornerie, elle délivre les âmes perdues vouées au diable, démonte les attrapes de Compère Lapin, redonne la richesse et la confiance au Nègre, la parole au chien. Parfois, elle déjeune avec la Sainte Vierge, Kubila d'Afrique, l'ange

Gabriel et un, deux esprits. Julia marche dans les airs. Gagne le ciel. Rentre dans les vieux temps d'esclavage. Escalade les siècles et soulève le mystère des pays inconnus. Elle remonte des rivières et boit à la source qui dit ses voyages, depuis antan où le diable était dans son innocence d'enfant, où la terre portait des hommes et pas des bêtes féroces. Parfois, les songes me font accroire que je suis de toutes ses drives, grimpée sur son dos, mes pieds enserrant ses reins. Temps et espaces se conjuguent alors sur les mêmes tables.

Une année passe.

Puis deux.

Et trois.

Son absence pèse moins au creux de nous autres. C'est peu dire que le souvenir, à trop lustrer l'étain de la mémoire, finit par se mirer dans l'oubli. Accrochés aux restants qu'elle nous a laissés, le ventre plein, nous nous sentons pourtant pareils aux enfants d'Éthiopie, halant le sein flétri de mères étiques, cendreuses, qui se tiennent plantées comme des arbres secs, avec des yeux luisants tellement grands ouverts, face à la caméra des «Cinq colonnes à la une».

Au début, nous écrivons à Man Ya des lettres qu'elle se fait lire par une voisine alphabète. Mais, sans grands flots de réponses, nous craignons pour sa vie, supposons un courroux d'Asdrubal. Le seul fait d'y songer déclenche des apparitions d'enfer qui nous traversent de part en part. Des lettres brèves, sans écho, l'ont dite bien arrivée, tombée dans les bras de son cœur délaissé. Soidisant qu'elle ne prendrait plus les coups du Bourreau. Il serait devenu doux-sirop-miel et fier de sa Julia qui avait connu la France et ses grandeurs. Paraîtrait qu'elle irait à la messe avec ses belles robes-soie nylon de France et ses foulards à tour Eiffel et Arc de triomphe. Elle ne souffrirait plus dans ses os et aurait remis la main à son jardin. Si loin d'elle, séparés par des longueurs de mers, il nous faut simplement espérer. Nous voulons croire à tous ces bruits qui contentent nos cœurs et soulagent nos âmes. Le temps des lettres ne dure guère.

Lettres d'en France

Chère Man Ya,

Dimanche, manman et papa sont allés aux Halles. Ils ont rapporté du sang et des boyaux pour faire le boudin et aussi une grosse tête de porc pour un pâté. Il a neigé ce matin. C'est bientôt Noël. Nous avons accroché des boules au sapin. Comme chaque année, la voisine nous a invités à venir admirer sa crèche en papier. Le petit Jésus dormait sous les yeux des santons. Ils ne bougeront pas de son salon jusqu'à la mi-janvier.

La graine d'avocat que tu avais mise dans l'eau a bien germé, elle commence à pousser des feuilles. Dehors, les arbres sont nus.

J'espère que tes douleurs ne reviendront pas. Tu as laissé les pansements américains. Si tu en as besoin, fais-le-moi savoir, je dirai à manman de te les envoyer. Alors, comment tu as trouvé ta case? Est-ce que ta source qui sortait d'une roche est toujours à la même place? J'ai pleuré hier, pour une bêtise… Et j'ai entendu que tu me disais: «*Pa pléré ti moun!*» Je t'embrasse très fort.

Chère Man Ya,

J'espère que tu es en bonne santé. Même s'il y a parfois des pensées qui me font trembler, en gros, je te vois gaie. Je te vois chanter dans ton jardin et ramasser des mangos, des prunes-Cythère et des oranges. Je me dis que tu as déjà dû féconder ta vanille, récolter ton café et fabriquer tes bâtons de caco. Est-ce que grand-père Asdrubal se porte bien ? Si tu pouvais demander à quelqu'un de t'écrire les réponses, je serais contente. Bon, je n'ai pas tellement de nouvelles à te donner. Peut-être que tu veux seulement savoir comment nous allons les uns les autres. Papa était un peu malade – un refroidissement. Manman lui a posé des ventouses. Mais elle ne savait pas bien mesurer la chaleur. Alors papa a babillé après elle. Il criait : « *Ou pa té ka gadé lè Man Ya té ka pozé sé vantouzla !* » C'était terrible... Paul est de plus en plus guitariste, il a ses amis musiciens et chanteurs. Peut-être bien qu'un jour il deviendra aussi célèbre que Claude François. Lisa va devenir secrétaire dactylo. Elle fréquente l'école Pigier. Elle écrit avec des signes bizarres. J'avais envie de m'y mettre pour qu'on puisse avoir un code à nous que personne ne comprendrait dans la famille, mais c'est trop compliqué.

Rémi et Élie apprennent la menuiserie avec papa. Papa a acheté une machine à bois. Elle est dans la cave. Quand il la met en marche pour faire nos meubles, tout l'immeuble tremble. Manman soupire. Depuis que papa est devenu menuisier, les gens du dessus nous regardent de travers. Suzy grandit bien, mais comme elle était toujours sur toi, on sent qu'elle est un peu en peine et chimérique. Quant à moi, j'ai commencé à écrire l'histoire de ton retour en Guadeloupe. J'en ai assez de l'hiver et j'attends les vacances et l'été pour qu'on aille à Aubigné-Racan. Je t'embrasse bien fort. Et j'espère te revoir bientôt.

Chère Man Ya,

J'ai pensé à toi hier soir. La télé montrait Édith Piaf, les Compagnons de la Chanson, Georgette Plana, Leny Escudero. Ils ont chanté : « Mon Dieu », « La vie en rose », « Les trois cloches », « Mon légionnaire ». Je me demande si tu n'as pas envie de voir un peu la télé, là-bas à Routhiers... Manman m'a dit que tu n'as ni eau courante ni électricité. Est-ce que tu as pu te réhabituer à te coucher avec le soleil ? Je pense souvent à l'eau de source qui sort de la roche. Pour te dire vrai, je n'y croyais pas tellement au début. Mais je la vois maintenant. Je sais qu'elle existe. Et j'espère qu'un jour je pourrai m'y baigner avec toi. Man Ya, les leçons m'attendent. Je t'embrasse.

Chère Man Ya,

Quand je mange des lentilles, je songe aux Antilles. Lentilles, Antilles. Est-ce qu'on peut dire que la Guadeloupe est une Antille parmi tant d'autres qui forment les Antilles ? Chaque graine est une île dans mon assiette. Je sais qu'il y a des quantités d'îles dans les parages de la Guadeloupe. Des lentilles, manman en a fait cuire hier. Et le soir, comme d'habitude, elle a ajouté de l'eau et passé le reste au moulin à légumes pour faire la soupe. La Guadeloupe, j'oublie les petits moments que j'y ai passés. Chaque lentille est une terre qui flotte sur une mer caraïbe marron. Parfois, je trie les lentilles. Je garde en secret tous les cailloux que je trouve, comme le début d'une collection de pierres précieuses. D'où viennent ces roches ? J'en ai déjà plein dans une boîte d'allumettes Soleil Levant. À ceux qui me disent de retourner dans mon Pays, je peux répondre que j'y retourne de temps en temps. Et qu'un jour j'y resterai. Et j'ai même rapporté de la terre et des roches de mon Pays la dernière fois que j'y suis allée.

Je ne l'ai pas assez regardé quand j'y étais. J'étais trop petite. Je me rappelle quand Man Bouboule faisait la crème-caco, quand on baignait nos corps dans l'eau tiède des bassines à feuillages. Et des odeurs de vanille, de café du matin, des odeurs de soupe-pied me reviennent. Je revois les fleurs devant la véranda, mais j'ai oublié leur parfum. Je me souviens des histoires de démons, des diables et des saints protecteurs. Des flèches pour percer le Grand Satan. Le visage rond de Pa Bouboule, celui doré de Man Bouboule.

Est-ce que tu descends au bourg de Capesterre ces jours-ci ? Est-ce qu'il y a du changement ? Si tu pouvais dicter une lettre à une voisine qui sait écrire ce serait bien. Je t'embrasse.

Chère Man Ya,

J'espère que tu te portes bien ainsi que grand-père Asdrubal. Papa et manman vont bien. Nous revenons d'Aubigné-Racan. Il a fait chaud cette année. Manman nous emmenait à la rivière presque tous les jours. Nous sommes même allés à la mer. Nous avons tellement supplié manman qu'elle a fini par céder. C'était une véritable expédition en 4L. Cinq cents kilomètres aller-retour ! Manman était très fatiguée et en même temps très fière d'elle. La mer était glaciale. On n'a pas pu y tremper un orteil. Il n'y avait pas de plage de sable. Que de galets. On avait du mal à marcher dessus.

Nous n'avons plus de muscade ni de cannelle. Est-ce que tu peux en apporter à Man Bouboule ? Elle nous fera un colis. Je te remercie d'avance et je t'embrasse.

Chère Man Ya,

Enfin, mes tétés poussent! Je commençais à désespérer. Au vestiaire, après la gymnastique, j'avais déjà remarqué que certaines filles de ma classe portaient des soutiens-gorge. J'étais gênée avec mes tricots de corps de bébé. J'ai demandé à manman de m'acheter un soutien. Elle m'a répondu qu'il fallait attendre encore un peu. J'étais tellement fâchée, je suis restée à bouder pendant une semaine. Hier, j'ai pris un soutien de Lisa. Trop grand, bien sûr. Je l'ai bourré de coton. Pendant le cours de gymnastique, j'avais l'impression que tout le monde s'intéressait à mes faux seins. J'ai grimpé à la corde, très vite. J'étais déjà assez loin du sol quand j'ai entendu: « C'est normal, ils grimpent aux arbres dans leur pays! » Arrivée en haut, je n'avais plus la force de redescendre. J'aurais pu lâcher ma corde, pour ne plus les entendre ricaner. Je serais tombée sur la tête. Et il n'y aurait plus eu de couleur de peau, seulement une grande mort sans fleurs ni couronnes. Au bout d'un moment, le prof de gym a sifflé et je suis descendue. J'avais les cuisses toutes raides et les mollets noués. Je ne me suis pas déshabillée devant eux.

Chaque semaine, je mesure mon tour de poitrine. Les tétés poussent vraiment lentement. Quand Élie et Rémi m'embêtent, je dis à manman qu'ils m'ont frappée sur la poitrine. Manman peut tout entendre, sauf ça. Elle a peur que j'attrape une malformation. Alors, elle se met à courir après eux autour de la table avec le martinet. En attendant que vienne le temps des soutiens-gorge, manman m'a acheté un panty avec des dentelles et des rubans (c'est la dernière mode!). Bon, j'arrête avec ces histoires de tétés.

Je ne sais même pas si je vais envoyer cette lettre.

Chère Man Ya,
Est-ce qu'on est toujours puni de sa méchanceté? Manman s'en prenait aux garçons à cause de moi et l'histoire des malformations de tétés. Ça me faisait rire. Et maintenant il y a quelque chose de terrible qui m'arrive. Je ne fais plus semblant de pleurer. Si tu pouvais prier pour moi afin de me sauver de cette situation. Je ne peux pas l'écrire sur du papier. C'est très très très grave. Et personne ne peut m'aider. À part la Vierge Marie, et tous les saints que tu connais bien mieux que moi, je ne sais pas à qui m'adresser. Dans mes prières du soir, je promets au Bondieu de ne plus faire punir mes frères par exprès. Je t'embrasse.

Chère Man Ya,
Nous avons bien reçu la cannelle, la poudre à colombo et aussi la farine de manioc. Le jour même, manman a préparé un colombo de poulet avec du riz. L'après-midi, je me suis couchée sur ton lit et j'ai fermé les yeux. La nuit venue, je tombe en rêve dans des trous noirs et, la journée, j'arrive à m'envoler loin loin d'ici, par l'esprit. Lisa m'a dit que, vers minuit, je parle et je marche dans la chambre. Donc, après le colombo, je ne me suis pas brossé les dents, pour garder un peu du goût dans la bouche. J'ai fermé les yeux et je t'ai vue dans ton jardin, au milieu de tous tes grands arbres. Moi, j'étais assise sur une roche et je te regardais, sans dire un mot. Je crois que tu ne me voyais pas. La nuit commençait à tomber. J'ai dit : « Man Ya! Ne m'oublie pas! » Tu m'as regardée et tu as dit : « *Pa pè a yen! Ou ké sové...* »

Alors, j'ai ouvert les yeux et je suis allée écrire. Et je me sentais pleine de force grâce à tes paroles. Man Ya, je t'embrasse.

Chère Man Ya,
Je ne sais pas si tu as la radio à Routhiers. Est-ce que tu te souviens de Martin Luther King ? Eh bien, il a été assassiné dans son pays. Tu te rappelles, tu disais que, même si on ne comprenait pas son langage, on voyait bien, dans ses yeux, qu'il portait des paroles de paix. Il voulait simplement que les Noirs d'Amérique aient les mêmes droits que les Blancs. Les Blancs se croient supérieurs à toutes les races de la terre. À leur idée, ils sont les plus intelligents. Ils croient qu'ils ont le droit d'aller conquérir toutes les terres du monde, mais personne ne doit venir chez eux. Eux seuls ont le droit de dire : « Retourne dans ton pays ! » Fais une petite prière pour Martin Luther King.
PS : J'ai vingt-cinq roches de lentilles dans ma boîte d'allumettes.

Chère Man Ya,
Je t'écris cette lettre, mais tu ne la recevras jamais. Je sais que tu dois déjà combattre tous les revenants de grand-père Asdrubal. Personne ne te lira cette lettre. Des fois, je pense très fort à toi et j'essaie de communiquer avec toi par l'esprit. Je ne sais pas si mes pensées te parviennent comme des lettres à la poste.
Au collège, ça ne va pas du tout. J'ai un professeur qui s'appelle Madame Baron. Elle ne peut pas me voir. Je l'avais déjà remarqué au début de l'année. Quand je levais le doigt, elle ne m'interrogeait jamais. Elle me notait plus sévèrement que les autres. Les choses ont empiré après la rentrée de Noël. Elle m'a dit que je souriais ironi-

quement quand elle parlait. Alors, elle m'a punie en m'obligeant à entrer sous son bureau. Maintenant, j'y vais presque à tous ses cours. Comme un chien à la niche. J'obéis. Je respire l'odeur de ses pieds. Je vois les poils de ses grosses jambes écrasés sous ses bas. Je serre les dents pour ne pas pleurer. J'entends les voix des élèves. J'ai honte. J'ai peur. Accroupie sous le bureau. Personne ne proteste. Personne ne prend ma défense. J'attends la fin du cours. Tout le monde accepte que je passe mon temps sous le bureau. Pourquoi ? Parce que Madame Baron est folle à ce qu'il paraît, les élèves sont terrorisés. Je suis son souffre-douleur. Elle n'aime pas voir ma figure de négresse, ma peau noire.

Je ne dis rien ni à papa ni à manman. Ça fait trop longtemps que ça dure. J'attends la fin de l'année scolaire. À présent, dès que je suis enfermée dans une pièce, je sens que j'étouffe. Manman dit que je souffre d'oppression. Je n'ai rien dit non plus à Lisa. Je pleure le soir dans mon lit. J'attends le sommeil qui me fait tomber dans des trous noirs et me porte loin loin. Voilà ce qui m'arrive de terrible. Je fais semblant de rire et d'être insolente, mais j'ai tout le temps le cœur pincé.

Chère Man Ya,
Les vacances de Pâques arrivent bientôt. Je ne verrai pas Madame Baron pendant quinze jours. Je vais essayer d'écrire l'histoire de ma vie, comme Anne Franck. C'est Manman qui m'a offert le livre. Elle vivait en Hollande avec sa famille. Comme ils étaient juifs, pendant la guerre, ils sont restés cachés dans un réduit jusqu'à ce que les nazis de Hitler les trouvent et les arrêtent en 1944. Ils ont été conduits dans un camp de la

mort. Son histoire m'a donné à réfléchir. Je crois qu'après les vacances, je supporterai un peu mieux d'aller sous le bureau. Je penserai à Anne Franck qui est restée serrée dans la noirceur pendant deux années de guerre et puis qui est morte sans pouvoir réaliser son rêve : devenir actrice à Hollywood. Comment vivre dans un pays qui vous rejette à cause de la race, de la religion ou de la couleur de peau ? Enfermée, toujours enfermée ! Porter une étoile jaune sur son manteau. Porter sa peau noire matin, midi et soir sous les regards des Blancs. Alors, quand j'entends les paroles venues du lointain « Va-t'en par l'esprit ! », j'ai envie d'accrocher ma peau à un vieux clou rouillé, derrière la porte. Gagner les airs. Suivre les grands vents qui balayent le Pays.

Chère Man Ya,
Le Bondieu m'a sauvée. L'école est déjà finie, en plein mois de mai. À cause des Événements. Je n'irai plus sous le bureau comme un chien à la niche. Je ne verrai plus les souliers pointus de Madame Baron, ses longs poils tordus sous ses bas filés, la graisse qui déborde entre ses cuisses. Je ne sentirai plus son odeur de femme sale lorsqu'elle écarte les jambes pour lire un poème de Verlaine...

> *Les sanglots longs*
> *Des violons*
> *De l'automne*
> *Blessent mon cœur*
> *D'une langueur*
> *Monotone.*

Ce mois de mai est vraiment extraordinaire. Voilà la situation : les étudiants démontent les rues, dressent des barricades, envoient des pavés sur les policiers et brûlent des voitures. Manman nous interdit de sortir. Elle a peur des manifestants. Elle a trouvé des sachets de purée Mousseline et des raviolis. Nous en mangeons tous les jours. Mais la plupart des magasins sont vides. D'un seul coup, nous manquons de presque tout. Depuis que j'ai lu le *Journal* d'Anne Franck, je vois la vie différemment et je me dis qu'en d'autres endroits du monde, au même moment, il doit se trouver des enfants qui vivent encore comme Anne Franck. Des fils invisibles nous relient pour que nous restions debout sur la terre. Anne Franck ne mourra jamais. Ce qu'elle a écrit la garde vivante pour l'éternité. Je t'embrasse très fort.

Chère Man Ya,
Qu'est-ce qui pousse les gens à sortir du train-train quotidien, à se lancer dans la rue, à vouloir, d'un seul coup, changer le monde ? Personne n'a vu arriver les Événements. Personne ne s'y attendait. Un jour, tu m'a raconté qu'en Guadeloupe, les oiseaux, les chiens et même les mouches ressentent et annoncent les sursauts de la nature. Tremblements de terre, grosses pluies ou cyclones. Le feuillage joue une musique différente. Le vent colporte des odeurs de décomposition. La rivière se met à charroyer les petites feuilles des bois de la montagne. Le ciel prend des couleurs d'Apocalypse, dessine les sept trompettes de la Fin des Temps. Tu disais que beaucoup d'humains avaient perdu ce sens-là. Peut-être que si tu avais été là, tu aurais pu nous prévenir des Événements. Manman aurait fait des courses et nous ne serions pas à table devant des raviolis, des poissons panés,

des purées en sachet et tous ces genres de mangers fades préparés en usine.

Chère Man Ya,
On me répète toujours que j'ai trop d'imagination et que tous les problèmes qui m'arrivent
viennent de là. Je n'appelle pas les pensées, mais
elles viennent au-devant de moi. Je ne veux pas
les repousser. J'ai lu quelque part que les pensées peuvent se réaliser. Et je me demande si les
Événements de Mai 68 ne sont pas la réalisation
d'une de mes pensées. On ne sait jamais. Peut-
être que j'ai un don... J'ai tellement demandé au
Bondieu de trouver une solution pour empêcher
Madame Baron de me mettre sous son bureau...

Chère Man Ya,
Je t'écris encore au sujet des Événements. Toujours pas de collège. Toujours pas de Madame
Baron à l'horizon. Toujours des mangers en boîte.
Les agriculteurs, les ouvriers, les étudiants sont
dans la rue et les gens cherchent maintenant la
plage sous les pavés de Paris.
Papa n'en revient pas que le général de Gaulle
soit ainsi dérespecté. Il discute avec ses amis
militaires. L'ingratitude des Français revient à
chaque détour de phrase. Comment peut-on agir
ainsi avec un Sauveur de Nation ? Est-ce que la
France a oublié les horreurs de la guerre ? Les
temps de Hitler, de l'Allemagne nazie ? Est-ce que
ces gens-là ne doivent pas une reconnaissance
éternelle au grand homme qui les a tirés de sous
la botte du grand dictateur ? Papa est tellement
dégoûté qu'il menace de quitter le sol de France à
jamais si le Général est forcé d'abandonner le pays
aux communistes. Décidément l'Homme manque
de mémoire et se nourrit d'oubli, dit-il.

Chère Man Ya,

C'est décidé, je l'ai entendu de la propre bouche de papa : si le Général se retire, nous partons aux Antilles. Papa demandera tout de suite une Mutation. La France deviendra pour lui comme un pays perdu tombé dans la main d'un démon. Si le Général reste à la barre, papa et nous tous resterons aussi. Tu vois, notre sort dépend du général de Gaulle.

Chère Man Ya,

À la télévision, j'ai vu des enfants qui mouraient de faim au Biafra, en Afrique. J'ai eu de la peine. Il y a la guerre là-bas. J'ai eu honte de moi. Je me suis sentie comme une privilégiée qui pleure après un dernier scoubidou. On ne manque de rien après tout. On a des souliers neufs, et même s'ils nous sont imposés et ont des semelles en crêpe à la mode des années cinquante, on devrait être contents. On ne souffre pas du froid. On prend des coups, mais c'est pour notre bien, pour notre éducation. On part même en vacances. On a une maison à la campagne. Papa a une voiture, manman aussi. On ne meurt pas de faim. Qu'est-ce qu'il me faudrait encore ? Manman dit qu'on n'est jamais content et qu'il y a beaucoup d'enfants qui envieraient notre sort.

Chère Man Ya,

Finalement, je me rends compte que je ne t'envoie plus du tout de courrier. Je suis une copieuse. J'imite Anne Franck et j'écris à un cahier. Toi, tu remplaces Kitty, sauf que tu existes vraiment. Un jour, quand je retournerai en Guadeloupe, je te lirai ces pages. Aujourd'hui, je voudrais te dire que j'ai bien de la compassion pour les enfants qui meurent de faim, qui vivent dans des pays en guerre. Mais je peux mettre bout à bout toute la misère du monde, efforcer mon esprit à imaginer l'horreur dans toutes ses dimensions, ça ne m'empêche pas de me sentir très malheureuse, ici en France.

PS : J'ai trente-neuf cailloux. Presque un pays !

Chère Man Ya,

C'est l'été, les grandes vacances. Le collège n'a jamais réouvert ses portes, mais Madame Baron m'a poursuivie jusqu'à Aubigné-Racan. J'ai raconté à Lisa le temps que j'avais passé sous le bureau de Madame Baron. Ça m'a soulagée. Les cauchemars allaient me tuer une de ces nuits. Hier soir, Madame Baron me montrait le bureau avec sa règle. Je suis rentrée à quatre pattes. Mais elle ne s'est pas assise cette fois. Dessous ses jupes, elle a sorti des planches, des clous et un marteau. Et le bureau est devenu une caisse qu'elle a jetée à la mer. Je me suis réveillée en pleurs et Lisa a passé un bras autour de mes épaules. C'est là que je lui ai tout raconté. Le lendemain matin manman était déjà au courant. Elle m'a dit qu'elle ne me comprenait pas… « Tu passes ton temps à inventer des histoires, à écrire des romans inutiles et tu caches la réalité au lieu de la mettre au grand jour. Qu'est-ce que tu as dans la tête, ma fille ? La vie, c'est pas des romans. Tu peux pas porter un secret lourd comme ça, alors que tu as une manman ! » J'ai commencé à pleurer. « Mais pourquoi elle te faisait ça ? Pourquoi, mon Dieu ? Personne disait rien dans ta classe ? Mais pourquoi ? Ils t'ont laissée tout ce temps-là sans rien dire ? Mais c'est pas possible ! Mais toi-même, qu'est-ce que tu attendais pour me raconter ça ? Arrête avec tes écritures, ça te fera pas avancer. C'est vrai tout ça, t'es sûre que c'est vrai ?... »

Chère Man Ya,
Madame Baron n'est pas réapparue depuis plusieurs nuits. Une seule fois, j'ai rêvé que tu la battais dans un combat de femmes. Mais je ne veux plus parler de cette créature démoniaque. Depuis le temps que mes yeux voient Aubigné-Racan, rien ne change. Toujours les mêmes pavés qui vont de l'église à la place de la mairie. Toujours le même gros pain du boulanger, les tartines de rillettes du Mans, les mêmes géraniums au balcon de Madame Bourasseau.

Chère Man Ya,
Lisa et moi avons trié un peu tous les débris entassés au grenier. Au commencement c'était une vraie corvée. Et puis j'ai retrouvé les livres reliés que je feuilletais autrefois. J'ai tourné la petite clé, ouvert la porte de la cage rouillée. Lisa a crié : « Qu'est-ce que tu fais ? C'est interdit ! » La peau des livres en tissu rouge était mangée aux coins. Les pages, piquées de très petits trous faits avec une grande patience, avaient encore jauni et partaient en morceaux. Je les ai caressés quand même, avec un peu de pitié pour la marquise de Merteuil qui voulait sûrement apparaître dans sa même splendeur. Belle et fière. Elle écrivait toujours à son ami Valmont. Mais ses lettres tomberont bientôt en lambeaux, les mots seront dévorés par le temps, la vermine et l'oubli.

Chère Man Ya,
Les Événements sont finis depuis longtemps. La rentrée s'est bien passée. Je suis en cinquième. Madame Baron a disparu. Les professeurs ne

m'embêtent pas. Je ne me fatigue pas trop. Je suis nulle en math et je ne cherche pas à comprendre. Pour les autres matières, ça va. En français, je les épate tous. On fait des rédactions… Racontez ceci, écrivez une lettre à votre meilleure amie, imaginez-vous dans telle situation… Eh bien, là, je ramasse les meilleures notes. Manman dit que ma folle imagination me sert enfin à quelque chose de valable et que tant qu'il y a la vie, il y a de l'espoir. Quand je suis dans mes écritures, que personne n'a le droit de lire, on me laisse tranquille. Les élèves de ma classe me trouvent soudain intéressante. Ils n'en reviennent pas que la seule négresse-bamboula d'Afrique de la classe les surpasse dans leur belle langue de France. Ils viennent me parler. Je les laisse approcher, je leur donne des explications et puis nous parlons d'autre chose. Ils ont tous oublié que Madame Baron me mettait sous son bureau. Je fais comme si j'avais oublié, moi aussi.

Chère Man Ya,
En ce moment, je suis les actualités télévisées de très près. Quand ta vie en dépend de façon cruciale et vitale, la politique devient une chose tout à fait passionnante. Le général de Gaulle a nommé un nouveau Premier ministre. Mais tout le monde pense que l'ancien, Pompidou, sera d'ici peu le prochain président de la République française. Est-ce que de Gaulle va partir ? Voilà la question qui revient dans tous les débats que papa mène au salon avec ses amis. Est-ce que papa ira jusqu'au bout de sa parole et rentrera chez lui, aux Antilles, si son modèle n'est plus à la tête du pays ? L'autre jour, je regardais Suzy mettre ses cubes les uns sur les autres. Papa, lui aussi, met des cubes les uns sur les autres. Il fait

durer le suspense depuis qu'il parle du grand départ. Nous attendons maintenant tous les cubes du nouveau gouvernement.

Chère Man Ya,

Mes lettres ne sont pas très longues ces jours-ci. J'ai des tas de leçons, d'exercices et de devoirs. J'ai des listes de verbes irréguliers à apprendre en anglais. Mais, c'est bientôt les vacances de Noël. Aujourd'hui, je vais essayer de t'écrire une longue lettre. Voici la situation présente : papa ne comprend plus la France. Manman attend. Et nous autres grandissons. Nous avons continué à grandir après ton départ. Nous ne sommes plus les mêmes personnes. Le temps nous commande de grandir. On grandit. On obéit au temps. Les gens disent… Ils poussent bien ces enfants-là. Moi qui voulais tellement grandir pour avoir des seins, je commence à regretter le temps où j'étais plus jeune. Maintenant, je voudrais que le temps m'oublie. Hier, je me suis rendu compte que je grandissais trop vite. Je n'arrête pas de grandir. Pendant que je t'écris, je ne cesse pas de grandir. Mes pieds et mes doigts s'allongent. Et puis je porte un soutien-gorge depuis la rentrée. Manman continue à me faire des nattes mais je sens que ce temps est dépassé. Tout ce qui grouille dans ma tête ne s'accorde pas avec ces quadrillages et ces nattes folles qui prennent des poses de cornes de diablesse. Sur le chemin de l'école, je défais tout et je tords mes cheveux en chignon. Est-ce que je ne vais pas arriver trop grande aux Antilles ? Est-ce que je verrai la Guadeloupe dans mon restant de jeunesse ou bien dans ma vieillesse ? Je grandis. J'ai des envies de bijoux. J'ouvre le coffret de manman et je vais à l'école avec ses gros bracelets en or, ses bagues et ses colliers. Je grandis contre ma volonté. Et pendant qu'Élie et Rémi gémissent parce que leurs copains sont allés au cinéma voir *Le Livre de la jungle* de Walt Disney, pendant que Paul répète à la guitare «A Hard Day's Night» des Beatles et «Mrs Robinson» de Simon and Garfunkel, pendant que Lisa cherche à s'habiller à la dernière mode de France Gall et que Suzy entre dans les histoires d'alphabet tout en chantant «La cavalerie» de Julien Clerc, des hommes ont déjà marché sur la lune et le général de Gaulle ne se décide pas à renoncer au pouvoir, même en voyant Henri Tisot l'imiter à la télévision. Est-ce que le temps peut oublier quelqu'un sur sa route? Je ne veux pas arriver toute grande aux Antilles.

Chère Man Ya,
Dans les temps futurs, on écrira la destinée du général de Gaulle. On dira qu'il annonça un grand référendum au mois de février 1969. Les historiens poseront les dates et les noms propres de lieux et de personnes. Mais, j'en suis sûre, pas un ne se saura tirer le fil de l'histoire qui conduit à notre famille. Qui peut dire que nos destins ne sont pas liés à celui du Général? Il est là au commencement de la vie militaire de papa. Il est celui qui donne l'honneur et les félicitations, les grades et les médailles de guerre. Si papa n'était pas entré en dissidence pour le rejoindre, où serions-nous à l'heure qu'il est? Si papa n'avait pas porté l'uniforme de l'armée française, ma manman Daisy lui aurait-elle dit oui pour la vie? Voilà comment des Antillais naissent en France.

Chère Man Ya,
Papa est à terre. Imagine Cassius Clay battu par KO. Pendant toute la campagne, papa y a

cru. De Gaulle est, pour lui, l'homme qui n'a jamais perdu la face, le Sauveur de la France. Nous avons dû mettre des tracts dans toutes les boîtes aux lettres de la cité... Souvenez-vous de l'Appel du 18 juin... C'était hier... La France en péril... La France outragée... Aujourd'hui la France a de nouveau besoin du même homme : le général de Gaulle... Pas d'avenir sans de Gaulle !... La France doit lui dire OUI massivement ! Votez de Gaulle !... J'y suis allée encore aujourd'hui avec Élie. Ça l'amusait de faire ça. Moi, pas vraiment. J'ai fait semblant pendant un petit moment et puis j'ai tout fourré dans un vide-ordures. Le soir, la télé montrait un documentaire sur la guerre 39-40. Papa croyait encore que les Français voteraient OUI. Ils ont dit NON.

Le Général a donc lui-même placé le cube du référendum sur celui de notre Noël sous la neige. Et puis le peuple de France a déposé le cube du « NON ». Tout s'est effondré. Et le Général a démissionné.

Chère Man Ya,

La maison est plus silencieuse qu'un tombeau. (J'ai lu cette expression dans un roman.) Papa ne part pas travailler le matin. Depuis la démission du Général, il marche en tricot de corps et pyjama dans l'appartement. Il a remonté ses cantines militaires de la cave. Il trie et relit ses vieux papiers. Il ne parle pas. Personne ne parle. À table, on entend seulement le bruit des couverts et l'eau qu'on verse dans les verres. Papa est là toute la journée. En tricot de corps et pyjama. Quand il ne fouille pas dans une cantine, il garde sa tête dans une main, pousse de longs soupirs et nous regarde passer à côté de lui comme si nous étions des condamnés à mort. Ou bien il reste toute la journée dans sa chambre. On ne le voit pas, mais sa présence pèse encore plus.

Chère Man Ya,
La France n'est plus tout à fait la même sans le Général. Papa n'est plus le même non plus. Une partie de lui a perdu foi en l'armée, en la France, en la vie, en l'honneur. L'autre jour, il a secoué la tête et a déclaré que toutes les valeurs se sont perdues avec ce vote sacrilège. Il a repris le chemin de la caserne mais il y va sans entrain. Il dit à ses amis qu'il n'a plus rien à faire ici. La France s'est déshonorée. Il ne peut pas rester dans un pays sans honneur. Il a honte pour la France. Il pense tout haut au Général, seul avec Yvonne à Colombey-les-Deux-Églises. Et il a mal pour lui. L'ingratitude des Français le dépasse. Non, décidément, il ne peut plus rester. Il prépare son départ.

Loin des regards, dans sa maison de Colombey-les-Deux-Églises, j'imagine le Général. Il marche à grandes enjambées, s'assied, écrit ses mémoires et jette un œil par la fenêtre. Il ne sait pas qu'il existe une Man Ya de Routhiers-Capesterre, son regard ne porte pas si loin. Il n'en parlera pas dans ses mémoires. Avant de partir, Man Ya nous avait dit : « *An ké prié ba zot !* » Ses prières ont marché. Peut-être qu'un jour, dans un autre monde, on dira au Général qu'il a existé des vieilles négresses noires dans les campagnes de Guadeloupe, des femmes sans prétention qui ne savent ni écrire ni parler deux mots collés de bon français, des femmes qui ont chaviré les temps de France et rétréci des longueurs d'océans.

Chère Man Ya,
Bientôt, bientôt nous partons.

163

Chère Man Ya,

C'est l'été, peut-être le dernier. Nous sommes à Aubigné-Racan. Je tends l'oreille à chaque conversation des grandes personnes. Mutation, voilà un mot qui en dit long en voyage. Partir. Le Pays. Martinique. Guadeloupe. Attendre. Attendre. Les signes sont bons, papa n'accepte décidément pas l'idée de son général de Gaulle ne faisant plus rien d'autre qu'écrire ses mémoires.

Chère Man Ya,

J'ai retrouvé le collège. Pour combien de temps ? On va partir. Mais quand ? Patience... Patiente encore un peu. Mes pieds ont encore grandi. J'ai peur d'arriver toute grande là-bas. Mon Dieu, faites que je sois encore une fille sans règles. Parfois, je ferme les yeux, je serre les poings. Je demande au Bondieu de ramener le monde dans mes dix ans. Tu es accoudée à la fenêtre de la cuisine et tu regardes le Sacré-Cœur de Montmartre.

Chère Man Ya,

Je pleure un peu pour rien. Tout le monde m'agace. Les grandes personnes ne nous parlent pas. Il faut sans cesse être à l'écoute pour attraper des nouvelles fraîches. Manman attend comme nous autres. Est-ce qu'elle va bientôt venir, cette mutation ?

Chère Man Ya,

Paul ne partira pas avec nous. Sa vie est ici à présent. Il a une fiancée qu'il veut épouser. Il a son travail, ses amis. Il est trop grand. Il a grandi ici. Il ne rêve plus des Antilles. Les jours passent. On s'habitue à vivre dans le silence de papa. Il ne parle pas de départ. Mais nous savons tous que c'est pour bientôt. Nous avons ressorti nos manteaux de l'année dernière. Trop petits, bien sûr. Mais pas question d'en acheter de plus grands, c'est le dernier hiver... Je reste debout devant la fenêtre de la cuisine. Tu sais, je n'ai plus besoin de grimper sur un tabouret pour m'y accouder. Je cherche le Sacré-Cœur derrière la grisaille. Si je force un peu les yeux, je peux voir au-delà des épaisseurs de froidure. Je survole l'océan. Et j'arrive en Guadeloupe. Je ne sens plus le froid jusqu'à ce que manman me crie de fermer la fenêtre.

Chère Man Ya,
Nous partons le 10 janvier. Direction MARTINIQUE. La date est tombée de la bouche de papa comme une condamnation à mort. Il part en guerrier vaincu. Au lieu de manifester notre joie, nous avons gardé des airs pincés toute la journée. Tout en rangeant nos affaires dans des cantines de l'armée, nous parlons à mi-voix de notre vie future. Nous devons donner ou jeter beaucoup de choses. Nos jouets sont sacrifiés. Tant pis! Nous partons, nous allons traverser l'océan, rejoindre les Antilles! Merci, mon Dieu! Le grand déménagement est pour bientôt.

Chère Man Ya,
Les quantités de petites fenêtres de la cité n'ont pas versé une larme en nous voyant partir pour toujours. Il neigeait ce matin à Paris. Nous sommes arrivés à Aubigné-Racan dans l'après-midi. La pluie nous attendait. Papa et manman ne rient pas. Tout le monde est énervé. J'écris en cachette. On passe nos journées à travailler, ranger, nettoyer, faire des paquets. On arrête avec la nuit pour recommencer le lendemain avant le

lever du soleil. Notre joie trempe en miettes dans une ambiance de cris et de folie. Je ne peux pas te dire si papa est heureux ou malheureux de quitter la France pour retourner aux Antilles. Il ne vend pas la maison d'Aubigné. Tout ce qu'on ne peut pas emporter reste là. Hier soir, 31 décembre 1969, papa nous a tous tirés du sommeil… « Debout là-dedans ! Vous n'allez pas commencer l'année dans votre crasse, vos mauvaises pensées, votre fainéantise ! Allez vous baigner ! Et priez Dieu ! Nous allons bientôt retourner au pays. Il faut vous démarrer ! Priez Dieu de retirer tous vos péchés, vos mensonges et vos vices ! » Nous avons obéi, bien sûr. L'un après l'autre, nous sommes rentrés sous la douche glacée. Nous avons savonné nos corps en priant Dieu de nous laver de tous nos péchés, de nous déposer propres et purs au Pays.

Adieu, Bamboula...

Bamboula
Négresse à plateau
Y'a bon Banania
Blanche-Neige
Adieu
Adieu...
Tous ces noms-là nous ont suivis jusqu'à Orly.
Ils ont fait un genre de haie d'honneur désor-
donnée, puis sont demeurés au pied de l'avion,
arrogants et pitoyables, à moitié déchirés. Tan-
dis que nous montions le grand escalier, je sen-
tais leurs regards dans mon dos, prêts à bondir.
Mais leurs pieds restaient pris dans la neige.

Je me disais : là où l'on va, les Noirs sont chez
eux. Jamais plus je ne laisserai quelqu'un m'appeler Bamboula... Jamais. Jamais plus je n'irai
cacher la noirceur de ma peau sous un bureau...
Je ne serai plus la mouche dans le bol de lait, le
chaperon noir, la seule négresse qu'on aime
parmi tous les autres nègres qu'on hait... Jamais
plus, le sommeil ne me précipitera dans le vide.
Et je serai moi-même au pays des miens... Là où
je vais, les gens de couleur – comme disent les
Blancs – ont le droit de parler haut, d'apparaître
à la télévision, d'être en colère aussi, et fiers
comme les Blancs sont fiers d'eux-mêmes...

Je me disais : je vais trouver là-bas des livres

qui racontent des vies d'hommes et de femmes noirs, des histoires d'amour, des récits d'aventures où tous les héros sont des Noirs. Des Petits Poucets, des Belles au bois dormant, des Chats bottés noirs.

Je lançais des promesses comme une plante grimpante avance ses attaches : voilà ! j'apporte mes bras pour construire avec vous ce pays ! Dites-moi l'histoire vraie, je l'écrirai pour ceux qui viennent. Racontez-moi encore et encore la vie emmêlée des vivants et des morts, je donnerai la vie aux mots et la mort aux vieilles peurs. Je me ferai papier, encre et porte-plume pour entrer dans la chair du Pays.

Je répétais en moi-même : enfin ! Merci, mon Dieu ! Merci, mon Dieu ! Faites que ce ne soit pas un rêve ! Faites que je marche en vrai dans la réalité !

Je voyais Manman et Papa Bouboule au mitan de leur case. Des figures d'autrefois venaient à ma rencontre. Portrait de l'archange Gabriel terrassant le démon à côté d'un grand miroir encadré d'or. La marmaille dansant sous la pluie. Man Ya dans son jardin. Grand-père Asdrubal, devenu gentleman sur son vieux cheval, ôtant son casque pour me saluer bien bas...

Je voyais des nègres antiques, des mulâtresses à longs cheveux, des Indiennes bleues et maigres portées par un petit vent du soir.

Je voyais un tralala de terres poussées sur la face de la mer : les Antilles.

J'avais treize ans.

Comment barrer les images de l'esprit ? Comment démonter les pensées qui assaillent ?

Dormir. Se carrer dans un fauteuil d'avion. Fermer les yeux.

Dire : pitié ! ma tête est chargée !

Hélas, les rêves avancent en conquérants. Sans demander la permission, ils prennent le sommeil. Ils charroient de tout un peu, brisent les mythes, brûlent les idoles d'hier, démâtent les îles inventées où l'enfance s'ébat. Les peurs rencontrent des gens-gagés qui déboulent, grandes ailes déployées dans le tourbillon des contes. Les pleurs, levés dans le souvenir d'un champ de cannes, appellent la roue de l'arc-en-ciel.

Comment démêler les rêves de la réalité ? L'invention du véritable ? Le réel du conte ? Mettre de l'ordre dans la cervelle. Mesurer, séparer, trier les paroles, s'entourer de raison et logique. Craindre que ces îles modelées au lointain ne soient que construction de carton-pâte, décor de Cinémascope, mornes peints à la gouache pour colorer l'exil. Craindre et imaginer que tout n'ait été inventé par Man Ya. Se figurer que l'esclavage, Schœlcher, les Nègres marrons n'aient été que des acteurs mis en scène par Man Ya, juste pour nous donner une fierté, une histoire, une existence, un pays à aimer.

Soudain, se voir debout, écartelé, comme le Nègre déchiré entre deux terres, un pied en France, l'autre en Afrique. D'un coup, repousser l'imminence de l'arrivée au Pays vrai, parce qu'il ne sera jamais celui qu'on a bâti, jour après jour, avec des grains de souvenir piqués dans la parole nostalgique, des contes et des histoires de maudition, des diablesses et des visions de jardin extraordinaire, des rivières, des sources sortant des roches, des maisons avec des portes ouvertes aux quatre points cardinaux... La mer chaude, les cassaves, les snow-balls, sorbet-coco, les savanes brûlées dans le Carême... Rire de sa naïveté.

Est-ce qu'on ne sera pas des étrangers au Pays ? Ce Pays qui bat et saute comme un cœur, là-bas.

Est-ce qu'il nous reconnaîtra comme ses enfants ? Se blottir dans des certitudes. Puis chuter dans le doute. Soudain, se surprendre à chasser une mouche allant et venant dans la tête. Pester. Se rendre compte qu'il s'agit d'une question insignifiante. Elle marche dans la tête, vole, se pose et zonzonne, agaçante : qu'est-ce que Man Bouboule mettait dans sa crème-caco qui fait que celle de manman n'a jamais eu ce goût spécifique, qu'on garde sur la langue, qu'on cherche infiniment, qui ouvre des pays de vanille et muscade ?... Rassembler tous les gestes de l'ancêtre. Fermer les yeux. Poursuivre des essences. Un zeste de citron vert. Un morceau de cannelle... Une question insignifiante marche dans la tête, remplit tous les espaces. Et des parfums d'hier remontent le cours du temps pour égarer, mêler, disperser les pensées qui tentent de s'ordonner. Peut-être que Man Boule déroulait à l'envers l'écorce du citron vert... Peut-être que la vanille venait d'une île Anguilla.

Les pensées blessent, parfois...

Bamboula !

Négresse à plateau !

Y'a bon Banania !

Blanche-Neige !

Mains blanches jetant des mots rêches comme des roches.

Regards blancs, si blancs, toisant l'épaisseur des noirceurs.

Effleurements blancs sur les cheveux laine-de-mouton-noir.

Pitié ! ma tête est chargée !

Et si le Pays nous regardait passer sans frissons ni soupirs, comme si nous étions des corps étrangers, tout pareils aux pieds-bois déracinés d'après cyclone qui descendent la rivière grosse au mitan des roches et des animaux morts, derrière la case de Man Ya ? Qui descendent la rivière pour aller se perdre dans la mer et vivre l'éternité ballottés, bois-flots. Qui descendent pour aller se cogner au bordage des continents. Accoster en rêve. Dériver sans accores ni amarres. Ne jamais dévirer. Et finir, un jour, échoués en dedans de soi-même.

Dormir.

Je vois une procession. Le Bourreau marche seul derrière une charrette qui mène un cercueil au cimetière de Capesterre. Et si Man Ya avait eu le temps de perdre sa vie avant que je ne revienne ? Est-ce que l'avion ira plus vite que la charrette ? Est-ce que j'arriverai à temps pour voir, une dernière fois, la figure de Man Ya ?

Penser à autre chose !

Le fracas de la pluie sur les tôles.

Les bains de feuillage dans les bassines émaillées.

Le soleil qui déverse tout son or rouge en fusion dans la mer.

Se représenter le pied-bois béni qui, par un jour de grande disette, offrit trois mangos verts à Man Boule.

Songer à la lampe du soir. Sa lumière jaune dans la case de Man Boule. La flamme votive.

Les yeux de la Sainte Vierge dans son cadre doré.

La voix de Pa Boule qui n'est plus, son regard qui coulait sur les gens. Sa canne qui crochetait les enfants.

La crème-caco…

Une mouche bourdonne autour de la casserole à gratter. Se pose sur le morceau de cannelle.

Revenir avec si peu de bagages.

L'avion ira plus vite que la charrette, c'est

logique. Man Ya sera vivante. Tu auras le temps de la revoir debout.

Pense à tes cousins. Ceux qui sont nés au Pays. Il ne sera pas trop tard pour entrer dans leurs jeux. Tu as grandi en France mais tu auras un peu de temps encore. Tu ne veux plus de chignon, seulement des nattes sauvages de petite fille, des nattes-cornes qui empêchent le temps de t'aborder, le repoussent.

Courir dans les savanes.

Perdre ses yeux dans le vent du ciel qui charroie mille cerfs-volants.

Bâtir une case dans les grands bois.

Garer ses souliers et s'en aller pieds nus.

Sucer un mango jusqu'à l'âme.

S'asseoir pour écouter un conte et crier : «*Listikrak!*»

Croire aux diables qui viennent prendre les enfants.

Croire que le Pays est resté tout pareil au temps où Man Ya y était.

Qu'il ne bouge pas, qu'il t'attend.

Qu'il t'a espérée durant toutes ces années.

Man Ya t'attend aussi, debout dans son jardin. Va, va! Elle t'apprendra les herbes à guérison, les racines-médecine, les écorces bénies. Elle te montrera le secret des feuillages, t'apprendra à reconnaître les dentelles, les découpures et les senteurs, le toucher et le bon usage. Ne la regarde pas dans le mitan des yeux! Ouvre tes oreilles! Écoute! Respire! Dégage les branches de l'arbre qui croît en toi. Sa sève te nourrit.

Garde-toi de marcher comme femme-folle! Précaution. Ici-là : chevalier-onze-heures, pourpier, chicorée. À ta main droite : basilic, gingembre, citronnelle mélissa, cochlearia. On marche pas sans regarder, au risque d'écraser et piler tout ce que j'ai planté ! Respectez !

Songe à cette éternité que tu vas passer au Pays, si Dieu veut... Jette les neiges et les regards glacés, la honte et le mépris, comme du lest inutile. Délivre-toi ! Laisse la France croupir dans sa grandeur. Brûle ton manteau, ta capuche et tes bas. Découds toutes les toiles des années de Là-Bas. Dépends ton corps. Dresse tes seins neufs, tes nattes marronnes. Démonte les geôles. Ose des grands rires parce que le temps de Bamboula s'achève.

Non, Man Ya n'est pas morte. Tu auras le temps...

Appelle les saints apôtres, les anges et les archanges, le Bondieu, la Vierge Marie... Qu'ils protègent l'avion.

Épelle le nom des âmes en peine, peuple de la nuit, esprits qui vont sur terre, dans les airs et les mers, puissances des ténèbres. Mais qu'ils ne mêlent pas leurs ailes aux deux ailes de l'avion !

Songe à ce monde que tu n'as jamais vu, vivants et morts, humains et animaux... diables et dia-blesses, chiens à paroles, cheval à trois pattes, Joséphine Tascher de la Pagerie, Nègres mar-rons, Épiphanie et Apolline, Christophe Colomb, Schœlcher, et l'esclave édenté debout sur une seule jambe, Ti Pocame, Kubila d'Afrique, Sa Majesté Le Roy, Sonson, Compère Lapin... Songe à la Guadeloupe tout entière...

La Guadeloupe. Au long des transports, j'ai égaré la boîte d'allumettes Soleil Levant et, avec elle, tous les cailloux triés dans les lentilles. Pierres précieuses sans filet d'or ni reflet-diamant. Roches qui content et décomptent... Huit années en France. Quatre saisons et compagnie. Trois ans que Man Ya a voyagé. Treize, j'ai treize ans. J'ai perdu les cailloux de mon Pays, mais j'y retourne. Man Ya a marqué le chemin. Et je suis comme Poucet. Ses parents l'avait mené se perdre dans les grands bois. Il se trouve toujours des gens qui n'ont pas de quoi nourrir leurs petits. Pas même une tête de pain rassis. Poucet préférait quand même dîner de riens plutôt que de finir ses jours en solitude, loin des siens. Des cailloux sans carat le ramenèrent chez sa manman...

Nous arrivons bientôt. L'île approche. Rassemble à la hâte tous les morceaux de ta mémoire. Fais-en l'inventaire. Pans épars, contes merveilleux, souvenirs flous, crème-caco, vision d'une grande savane aux herbes jaunies ouverte devant la case de Man Boule, graines de nostalgie, tiédeur de l'eau du bain-feuilles, manceniliers, amandiers des bords de mer. Pauvres visions rabâchées, ressassées, usées.

Tant d'images égarées drivaient dans l'éternel retour des quatre-saisons de Là-Bas. Et la mémoire ne me rendait que ces jardins de chimères. Je m'étais inventé une Guadeloupe pour moi seule. Ce 10 janvier 1970, un Boeing de la compagnie Air France me portait vers cette terre que j'avais désirée plus que tout, pour fuir toutes les Madame Baron, tous les regards défiants, tous les « Retourne chez toi, négresse ! »...

Dormir.

Fort Desaix,
Plateau Fofo, Martinique

Ce n'est pas vraiment un fort comme on en voyait dans les feuilletons de cow-boys et d'Indiens. Plutôt une de ces bases américaines des films d'après guerre. Des bâtiments vite construits pour stocker machines, armements, denrées, militaires et familles. De tout en quantité, protégé, jalousement gardé. Un va-et-vient d'uniformes de l'armée française, jeeps camouflées marron-kaki et cars vert foncé qui donnent le sentiment d'être en guerre. En perpétuel état de siège. En Pays conquis, mais pas vraiment soumis.

Fort Desaix, c'est là qu'on nous mène sitôt débarqués de l'avion.

Prendre conscience qu'enfin, nous sommes rendus à destination, comprendre que nos pieds foulent bien ce sol si longtemps rêvé, est un exercice mental douloureux et violent.

Nous sommes bien aux Antilles. En Martinique. La Guadeloupe est toute proche. Les souvenirs que la mémoire a imprimés en nous ressemblent aux paysages de cette terre voisine. Les visages expriment mêmes souffrances et mêmes rêves. Le créole que Man Ya nous causait est ici, dans les rues, au marché, à l'école, en liberté. Il dit les humeurs et le temps, les commerces, l'amour et ses jeux, le quotidien, la rage et l'excès. Il est dans

175

les chansons. Il rend la monnaie, il injurie, et toise, et courtise.

En Martinique ! Comment admettre ce prodige ?

Joie, tremblade, extase s'entremêlent. Oui, il s'agit bien de nous autres, dans nos chairs. Il s'agit bien de nos vies, en réalité. Nous sommes revenus, même si personne ne demandait après nous, même si notre absence ne pesait au cœur de quiconque. Man Ya, Man Bouboule, les familles de Capesterre, Trois-Rivières et Goyave, nous ont tant manqué, même ceux qu'on n'a pas connus. Il suffira de prendre un dernier souffle, un grand élan, pour enjamber la mer qui nous sépare. Si peu de mer. Mais le temps nous presse moins. La pause peut durer. Le plus gros du voyage est passé. J'imagine le soldat des colonies s'en revenant de guerre. Miné par l'écho des canonnades, il rapporte les râles des grands blessés et le feu des combats. Il retourne chez lui, fortuné de sa seule pauvre vie, heureux, insolemment entier.

Au lendemain de notre arrivée, Rémi, Élie et moi babillons longtemps avant de quitter la maison, sans permission, pour voir la mer dans sa grandeur véritable. Les parents règlent ailleurs quelque affaire militaire. La mer est là, si près. La fenêtre nous le promet. Oui, nous aurons le temps de descendre et remonter. Nous avons le droit d'aller y tremper juste les pieds. Ce matin-là nous a levés tout différents, entreprenants, téméraires, délivrés des anneaux de la discipline qui d'ordinaire cerclent toutes nos actions. Quelque chose dans l'air engage à quitter l'enceinte du fort, nous donne le droit de braver les interdits, de rester sourds aux voix de prudence et menace qui se sont levées entonnant la complainte des Fais pas ci ! Fais pas ça ! Un souffle, plus fort que la peur des coups, nous aspire tandis que la mer, à la fenêtre, déroule ses rouleaux blancs. Attendre le bon vouloir du père nous paraît soudain innommable. Nous avons survécu à la France. Nous avons enduré toutes ces années de vie découlée Là-Bas. Derrière ce temps de pénitence, une minute perdue vaut dix siècles, une heure l'éternité.

Nous partons, insouciants, vêtus léger de notre bon droit. Nous marchons sans jamais perdre de vue la mer. Les lieux ne sont pas étrangers. Tout ici-là est inconnu et pourtant reconnu. Toits de tôle, cases de planches grises, vérandas aux portes ouvertes sur une couche à couvre-lit fleuri, une berceuse qui branle, rideaux causant au vent. Tout ici-là est ami et ennemi. Grands feuillages verts et fleurs rouges. Comment se nomment ces variétés ? Nous ne savons plus. Peut-être que nous ne l'avons jamais su. Il y en avait pourtant devant la case de Man Bouboule. Souvenirs de fleurs-poison, attention ! Ne pas toucher ! Fleurs à grands piquants. Fleurs rouges, jaunes, roses, orange. Et la route dévale et nous pousse derrière Élie qui mène la procession en nous chantant les meilleurs morceaux de sa traversée de Paris, sa main dans la main de Man Ya. Marchons ! Jusqu'à destination, nous aussi, comme elle qui ne connaissait pas les rues de Paris et pourtant arriva.

Tout ici-là est étonnement, tant misère et grandeur, beauté et laideur s'entrecroisent, s'imbriquent et se chevauchent. Cases en commencement ou bien en voie de finition perchées sur pilotis. Murs de parpaings inachevés habités par des herbes. Plaques de fibrociment ébréchées abritant une cuisine sombre et des casseroles accrochées aux murs, des casseroles qui scintillent comme des étoiles magiques dans un ciel noir.

Sable de mer garni de coquillages rassemblé sous la fraîcheur d'un arbre âgé et vénérable qui veille les gens et impose son temps. Tas de gravier en attente d'un coup de main. Marches innombrables, périlleuses qui descendent entre des toits de tôle rouillés en diable.

Et puis il y a les gens : femmes et hommes devisant au bord du chemin, prenant des poses, contant une nouvelle en créole. Chapeaux de paille. Mouchoirs qui sèchent la suée. Coups de reins pour dire le mépris. Rires dents-dehors à défier la misère, linges rapiécés, bouches sans dents. Stations pour amarrer les reins. Regards qui voyagent sans parole en dedans des gens. Signes de croix. Mâchoires raidies dans l'effort. Rubans de couleur aux cheveux des filles. Escarpins vernis. Souliers coupés sur le devant pour durer un peu de temps encore et ouvrir le chemin aux orteils grandissants. Robes de dentelles blanches et soie accolées aux haillons...

Les yeux en voient trop pour un seul jour. Chaque pas nous ramène en nous-mêmes. Toute la misère des lieux nous parle et nous console, nous dit : « Vous êtes d'ici ! »

Soudain, des coqs aux plumes taillées en pointe bondissent dans des cages étroites de fil grillagé. Nous courons. Plus loin, un gros cochon noir recouvert de boue desséchée grogne et nous fixe comme s'il demandait quelque chose. Un arbre aux fruits verts et ronds lui répond que nous cherchons la mer. Nous courons. Nous courons le long de la route, sur une bande étroite qui descend à pic entre des herbes hautes et un caniveau qui charroie une eau sale venue des mornes. Nous courons vers la mer. Le soleil donne une lumière tellement forte qu'il faut baisser les yeux. Le regard entre alors dans la noirceur des cases où la misère serre ses oracles : bougies votives, fers à cheval, croix sanctifiées, ciseaux en croix, icônes saintes. Là, une ancêtre balance la tête au son de souvenirs grouillant dessous un madras délavé. Dehors, des assiettes et des boîtes de conserve recyclées en timbales sèchent à l'air, sur une planche tordue. Des linges habillent des empilements de briques rouges. Sur des lignes tendues entre les cases, des pantalons écartelés battent, claquent et débattent dans le vent. Et des corsages blancs, restés pris aux branches d'un pied de pois, appellent à l'aide.

Nous allons demander notre chemin. Un vieil homme remonte le morne, canne à la main, petite cravate lustrée comme un hareng saur, chemise-veste blanche sur pantalon gris, souliers craquants luisants... S'il vous plaît, monsieur, la mer est encore loin ?... Il rit. Tout son corps est secoué de rires qui dégrènent, sac de billes jetées par exprès dans nos pieds. Marchons ! Il faut croire qu'elle est bien là, la mer, puisqu'on la voit derrière les toits. Continuons un peu encore ! s'écrie Élie, malgré les rires qui le font trébucher. Nous n'en sommes plus très loin... Souvenons-nous de Man Ya qui marcha dans Paris jusqu'à la nuit tombée pour voir le Sacré-Cœur.

Hélas, la mer qui dévide ses vagues là-bas, ne semble ni s'approcher ni s'éloigner. Elle nous paraît tout simplement inaccessible. Il faudrait traverser cette ville bruyante qui s'est dressée entre elle et nous. Bâtiments hauts, neufs et blancs apparus après les cases. Poteaux électriques mêlant leurs fils dans le ciel. Fort-de-France. Des constructions hardies poussent sur un flanc de morne. Tôles et bois, bric et broc, pilotis, poutres rachitiques soutenant les maisons inachevées, trous béants des portes et fenêtres manquantes qui promettent de venir, un jour, par la volonté. Toits justes. Pièces uniques. Abris déposés en une nuit. Fort-de-France. Un grouillement de vies. Des cris. Des gens pressés qui commercent et vont à leurs affaires d'une manière décidée. Des négresses noires marchant comme des hommes. L'une portant un tray sur la tête et criant le client : « Doudou-chéri, vient acheter dans mes mains ! » Et dans sa voix, dans ses cris, on comprend qu'il y a urgence. Elle doit vendre toutes ses marchandises, gâteaux et bonbons, sucres à coco et pilibos, nougats et cornets de pistaches grillées. On entend bien qu'elle doit retourner chez elle avec de l'argent pour nourrir des bouches... combien ? quatre, cinq... Elle rit et sue dessous son cabaret qu'elle tient parfois d'une main. Personne ne pourrait mieux qu'elle vanter ses douceurs. Sa parole coule épaisse et grave dans le sourire qu'elle donne au client. Et puis, d'un coup, toutes les raideurs de l'existence lui froissent le visage et ses traits se durcissent, le temps d'une pensée rosse.

Soudain, la peur nous prend. Trop de chemin parcouru. Nous ne savons pas lire l'heure du ciel. Nous n'avons pas marqué notre chemin. Effarés, nous remontons à la course. Trop d'expressions sur les visages. Nous n'y sommes pas accoutumés. Des yeux qui parlent. Des bouches qui se tordent d'une souffrance crue. Des corps qui se déplacent comme s'ils couraient à quelque combat. Des corps qui ont le temps et traînent et tanguent. Des figures où s'inscrivent les sentiments forts qu'on trouve dans les romans : l'amour, la haine, la colère, le mépris, la jalousie, l'adoration... Paroles qui disent le monde en trois mots, paraboles, sentences, semonces. Paroles qui éboulent : injures et roulements de langues, sifflets, anhan... Et des couleurs folles assemblées comme pour déranger et défier les palettes d'un bon goût fabriqué jour après jour aux canons de Là-Bas. Non, nous ne sommes pas acclimatés à ces débordements, à ces visages parlants, à cette fièvre qui habite la rue. Et puis, il y a tous ces Noirs autour de nous. Tellement de Noirs, plus ou moins noirs... chabins comme Rémi, négresses à cheveux défrisés, d'autres coiffées en afro portant boubou africain, mulâtresses à longues tresses frappant le bas des fesses, capresses à yeux clairs, Nègres rouges, albinos roses à cheveux jaunes, mélangés indéfinissables, métis à figures d'Arabes, portraits des Surfs, sosies de Nancy Holloway ou de Tom Jones, Blancs rouges sur le dos, les mains tachées de son, Blancs à cheveux grainés, Chinois blancs dans l'ombre d'un comptoir, Indiens malabars sombres, ombres de coolies, nez tranchants, cheveux d'huile noirs, rasant les vitrines de magasins qui offrent : tissus d'Orient, porcelaine de Limoges, grand bazar d'Amérique... Et puis, il y a aussi cette musique étourdissante qui porte des paroles d'amour abandonné et déchiré, des déclarations enflammées. Et les gens marchent, commercent et bradent au bas de ces airs lancinants qui cornent d'un son neuf à nos oreilles et éveillent tous nos sens. Ni Sheila, ni Claude François, ni Henri Salvador, ni Compagnons de la Chanson...

Les deux pieds dans la ville, nous titubons. Un genre d'ivresse nous tient, comme si nous étions au bordage d'un gouffre, comme s'il nous fallait décider ou non de nous jeter dans les laves d'un volcan.

La peur nous étreint. Non, nous n'avons pas voulu courir au-devant de la mort. Une force nous a possédés. Un esprit joueur a dû nous mener à quitter la sécurité du fort. Qu'en savons-nous? Nous ne connaissons rien d'ici.

La peur enfle et puis pète comme un fiel au mitan de nous-mêmes. Le vieil homme était peut-être un soucougnan. Les cases, les fleurs, les rideaux, l'éclat des casseroles n'étaient sans doute que le décor d'un grand théâtre diabolique. Toutes ces personnes, les figurants d'une mauvaise pièce, caricature du monde. Et la tentation de la mer qui s'éloignait à mesure était sûrement un appât pour nous prendre. Est-ce que nous n'allions pas servir de déjeuner à quelque Belzébuth d'une terre voisine? Grâce à Dieu, nous sommes sortis vivants de cet envoûtement. Désormais nous savons qu'il faut aller doucement. On n'entre pas sans permission. Fort-de-France bouillonne. Chaud! On risque des brûlures à chaque détour de rue. Il faut s'annoncer, attendre l'invite. Ne pas s'engouer dans une voracité d'images, de sons et sensations. Fort-de-France vit. Elle a corps et esprit.

Approche la ville en patience.

Attends qu'elle t'ouvre la porte.

Tu recevras ses faveurs à ton heure.

Derrière les fenêtres, l'horizon qui tire ses lignes n'est pas trompeur... On y voit ce qu'on veut : la mer à deux pas et demi, un Sacré-Cœur Royaume des Cieux, un sourire de Sainte Vierge dans les ronds des nuages, un monde entier calé, comme une orange, dans une paume de main... Parfois, les fenêtres cassent le blues de la pluie, reflètent des arcs-en-ciel inventés par les yeux. Les visions qu'elles encadrent dépendent parfois le cœur et content des bluettes. Il faut savoir que le bord de la mer est toujours loin pour qui ne croit en rien.

Man Ya, elle, n'est plus très loin. Nous la verrons aux grandes vacances, papa nous l'a promis. Un Foker de l'Armée nous emmènera en Guadeloupe. Nous ne cessons pas de rêver ce temps des retrouvailles.

Pour l'heure, nous laissons Fort Desaix pour une vaste maison en dur posée à Plateau Fofo, dans les hauteurs de Fort-de-France.

On voudrait commencer une nouvelle vie en ces lieux. Rassembler corps et esprits pour repartir en grand ballant de ce côté des mers. Oublier tous les temps d'hiver. Oublier le feu des regards. Oublier tous les Bamboulas ! On voudrait bâtir son nid dans ce pied-bois-là, gommier, sur le flanc duquel est inscrit : Vogue mon cœur…

De quelles essences se parfume l'existence ici-là ? Patchouli, ylang-ylang, lotion bon marché. Eau de Cologne, encens, feuilles à bains. Amasser les odeurs. Reconnaître les baumes. Désamarrer ses ailes.

Sur quel pied-bois marche la vie, ici ? Bois-flot d'espérance. Fromager à grandes branches où palabrent les soucougnans en égrenant coton. Arbre à pain quotidien. Bois-trompette. De quelles couleurs sont les paroles, ici ? Dites-moi ! De quel poids pèsent les silences, les gestes et les regards, l'ombrage, le souffle et le rire – le rire de ce vieux-corps qui remontait le morne ? Dites-moi l'épaisseur des écorces, les cabosses, les conques…

Quels sont les dieux d'ici, ceux qui hachent et qui tranchent, ceux qui lèvent matin, ceux qui défont destins, ces autres qui gouvernent et ceux-là qu'on prie pour la santé, l'amour, l'argent ?

Ne chouboule pas ton âme. Ne te précipite pas. Les réponses viendront avec l'entêtement des années. Pareilles aux rides et aux cheveux blancs, elles se déposeront en toi, s'imprimeront en silence. Et tu te surprendras un jour, habitée toi aussi par l'esprit même du nouveau monde.

Descendre en ville. Se poster au bord du chemin. Lever un bras pour stopper le taxi-pays qui déboule. Ivresse. Prendre place dans l'engin, collés-serrés, les uns contre les autres, une épaule haussée sous le menton d'un homme clair à moustache souriante, un coude entré dans l'estomac d'une femme indienne dont les yeux voyagent au-delà du temps présent. Marcher à l'aise parmi des gens de couleur. Soudain, sur le trottoir, rester plantée là, bête, un cri dans l'estomac. Douloureuse extase. Comprendre que ce Pays, comme la Guadeloupe, a toujours hanté ton cœur, même si perdu loin de ton regard.

Marcher. Longer les bâtiments de la Brasserie Lorraine. Enjamber le canal Levassor. Sentir battre la vie. Prendre l'odeur du marché aux poissons. Faire courir ses doigts sur le mur blanc du cimetière Lériche. Écouter le parler créole qui ne cesse d'emplir les rues. Essayer de saisir des bouts de mots. Marcher au mitan des fruits et légumes-pays présentés à terre sur des sacs de jute. Trouver Man Ya en chaque négresse d'âge. La revoir à la cité, assise au salon devant le poste de télé, les mains croisées dans l'inutilité. Se la rappeler, au mitan de la nuit, réveillant l'un ou l'autre privé de dessert, juste pour glisser une pomme-France entre les draps. Déposer son image au milieu des marchandes. La revoir étendue sur la couche, soufflant comme pour lever les voiles du retour au Pays. La toucher dans sa joie au jour du grand départ. Comprendre sa mélancolie. Marcher. Acheter des tissus chez Meyer parce qu'il faut coudre et s'habiller de couleurs vives ici. Les garçons te regardent et t'appellent. Apprendre à marcher avec des talons tout en roulant des

184

hanches, comme les Martiniquaises. Se défriser les cheveux au fer. Se coiffer en chignon. Apprendre à danser, à différencier les musiques : biguine, mazurka, quadrille, soka, cadence-rampa, boléro… Mesurer son ignorance. Ouvrir ses deux mains pour recueillir une, deux miettes de ce savoir. Avouer sa faim.

Je ne les cherche pas, pourtant les garçons me voient. Je marche sur le fil de leurs regards. Je fais comme si je n'entendais pas leurs psitt ! chabine ! psitt !… J'apprends à les toiser. Parce qu'il ne faut pas sourire de la bouche aux jeunes gens inconnus. Juste croiser les pensées de désir qu'ils déploient comme des toiles d'araignée. Seulement sourire des yeux. Ne pas répondre à leurs bonsoirs. Il faut le savoir, ils prennent ça pour argent comptant et te considèrent comme une viande déjà battue. Ils te suivent alors dans les rues de Fort-de-France croyant que tu les mènes à quelque débat de chair. Ils rient et si tes rires s'enroulent aux leurs, ils te chantent des chansons douces et parlent-parlent-parlent en cherchant tes failles secrètes. Si tu flanches, ils te coupent et te hachent. Ils ont, paraît-il, des fers acérés qui portent le feu et la vie au premier alléluia ! On te promet l'enfer d'un ventre à crédit. Tu ne comprends pas. On secoue devant toi l'infamie et son cortège de tribulations. Tu devines le spectre d'un fléau, mais tu ne connais ni son nom ni sa génération. Tu prends peur. En même temps, ton cœur est content. Tu existes. Tu marches sur le fil du regard des mâles.

L'école privée des sœurs de Saint-Joseph-de-Cluny nous ouvre ses portes. Les filles de militaires ne doivent pas fréquenter les collèges publics. J'ai treize ans. Dans ma classe, il y a des élèves qui ont jusqu'à dix-sept ans. Elles m'intéressent au plus haut point. Elles sont déjà grandes femmes. Poudrées, fardées, défrisées, bouclées, haut perchées. Certaines – surtout celles pourvues de longs ongles rouges – viennent réellement couler le temps entre leurs bâillements, et puis s'amusent à faire les yeux doux aux quelques jeunes VAT-volontaires à l'aide technique blancs qui sont nos professeurs. De grosses cylindrées à vitres teintées déposent leurs majestés devant le pensionnat. Entre elles, des causers à mi-voix s'entrelacent sous le nez des religieuses. Histoires d'adultère, retards de règles, virginité perdue ou cent fois retrouvée par la magie de recettes infaillibles. Brocantage de récits de charroi au bord de mer ou dans les bois de La Médaille. Elles vont aussi en boîtes de nuit, et le jour s'ouvre sur leurs cheveux défaits et leurs culottes remises à l'envers. Elles exhibent des cadeaux : souliers, colliers-choux, montres en or... Dans des cercles fermés, elles révèlent les noms de donzelles engrossées, les plaignent, et puis rient de leur mauvaise fortune, avant de les remettre entre les mains de Dieu. À la récréation, j'apprends encore que certaines se sont déjà battues avec des épouses légitimes. J'attrape au vol les noms de généreux hommes mariés, délivrés en secret. Je passe des petits papiers, petits mots...

« Rendez-vous à huit heures du soir au bas de La Croix-Mission. »

« Je t'attendrai jusqu'à trois heures de l'après-midi sur la plage de Madiana... »

« Mon cœur est pris par deux hommes à la fois... »

« Chagrin d'amour guérit par la médecine d'un autre amour... »

« Jalousie aujourd'hui, tromperie demain matin... »

Négresses-femmes assises sur les bancs de l'école, ces belles-là m'émerveillent. Elles sont d'un autre monde qui me dépasse, va loin devant tout ce que j'avais imaginé. Elles pratiquent l'amour avec dérision et facilité, s'en glorifient. Mon innocence les démonte.

« Qu'est-ce que tu as appris Là-Bas ? »

« Ma chère, tu n'es jamais allée avec un homme ! »

« C'est bon-même ! Oui c'est bon ! »

« La vie, c'est ça seulement… »

« Prendre un homme c'est pas péché. »

« Le Bondieu t'a pas donné une mandoline bombée pour la serrer. Il faut en jouer, négresse ! »

Dans la cour de l'école, des Blanches qu'on appelle Békées se retrouvent entre elles, minorité. Elles ne se mélangent pas aux autres races et même pas aux Blanches de France, les *zorèy* (filles de militaires et de coopérants principalement). Elles comptent parmi leurs ancêtres des anciens maîtres du temps de l'esclavage. À la récréation, elles parlent le même créole que les négresses ou les Indiennes, les mulâtresses, les chabines et les métis d'ici. Elles arborent le même uniforme, chemisier blanc et jupe écossaise rouge plissée. Elles déroulent mêmes gestes, même démarche, même accent. Mais elles doivent porter l'héritage pesant de leurs aïeux. Alors, elles gardent le rang et la distance, ne se mêlent surtout pas aux négresses. Elles haussent le dos. Leurs regards traversent sans voir. Les rondes qu'elles forment ne s'ouvrent que pour une de leur catégorie qui vient déposer son chargement juste au mitan parmi les autres, le temps de faire un tour, soulager une épaule. Elles se mirent les unes dans les autres et semblent voir une lumière dans le bleu de leurs yeux.

J'ai des amies… négresses et chabines de mon

âge qui sont venues au-devant de moi. Elles rient de mon créole grené de RRR, de tous les mots français qui comblent les trous de la méconnaissance. Elles se moquent de mon ignorance quant à des choses élémentaires essentielles à ma survie ici.

– Ne prêter ni livres ni cahiers, ni porte-plume, ni crayons!

Tu veux faire acte de charité, noblesse. Hélas!... Sans le savoir, tu viens de vous livrer toi et ta destinée à des démons à belles figures. Prudence! Ces créatures visitent les cimetières au dernier coin, là où les chiens jappent par la queue. Elles enterrent tes manuels avec ton avenir au pied d'une tombe sans nom. Le lendemain même, tu ne comprends plus les leçons, tu perds les tables, les théorèmes, les exceptions qui confirment les règles. Ta tête part, tu ne sais plus écrire. Un rien de temps te voit finir analphabète, alors qu'un destin de lauriers et tableaux d'honneur t'espérait depuis ta prime enfance... Tes parents peuvent monter et descendre chez les *gadézafè*, courir de Miquelon à La Pointe-Simon. Il leur faudra beaucoup, beaucoup d'argent pour défaire le mal et retrouver la page sur laquelle grigne le jaloux. On peut te conduire dans la passe où ton livre est gisant, déjà méconnaissable, dévoré par les vers. Si la chance t'accompagne, tu peux sauver un peu de la science perdue, poussière de savoir, cendres parmi les os. Mais là viennent d'autres recettes qu'on ne révèle pas aux novices. Alors, prends toujours un prétexte pour ne rien prêter.

– Ne laisse personne mettre les mains sur tes épaules ou sur ta tête!

Il y a charge de maléfice dans ce geste. Que sais-tu des prières qu'on marmonne au même moment pour ruiner l'espoir de tes parents? Que sais-tu du poids d'ignorance qu'on dépose dans cette macaquerie d'amitié? Combien de papas, de manmans implorent Dieu sans pouvoir nommer la racine du mal qui rogne le destin de leur futur bachelier tombé, en l'espace d'une nuit, dans l'hébétude ou la démence…

– Ne ris pas, ne souris pas dans la facilité!

– Ne rends pas trop vite un sourire! Les diables aussi ont des dents pour singer l'amitié.

– Récite la neuvaine à saint Expédit, patron des écoliers. Recopie-la pour repousser tous les empêchements d'étudier qu'on jette dans tes pieds. Dis ces prières avec foi pour réussir à l'examen. Ne crains pas de parler au Bondieu qui t'écoute à toute heure.

«Ô saint Expédit, je viens à toi, implorant ta prompte assistance, afin que ta puissante intercession m'obtienne de l'infinie bonté du Seigneur le secours que très humblement je sollicite de la divine miséricorde.»

«Ô Christ, protège-nous demain et toujours mais surtout aujourd'hui.»

Grâce à ces invocations, on peut passer au travers des gouttes de cette pluie de jalousie qui s'abat sur ceux qui brillent trop à l'école. Alors, mes amies me mettent en garde, ne cessent de m'initier. En confidence, elles me racontent cinquante histoires vraies, extraordinaires et magiques, peuplées d'esprits et de lumières surnaturelles.

Nicole: «Une flamme venait chaque soir se poser sur mon armoire pendant que j'étudiais. Au lieu d'entrer, les leçons sortaient de ma tête. Chaque soir un peu plus de savoir s'en allait. Après un temps, quand la lumière s'est mise à haler mes connaissances de classes élémentaires, j'ai pris peur. J'ai dressé la croix que j'ai au cou et j'ai crié: "Va-t'en, Satan!" Le lendemain, j'ai commencé une neuvaine à saint Expédit et la lumière n'est plus jamais venue dans ma chambre. »

Éloïse : « La méchanceté, c'est une nation et sa couleur est noire… Toi, tu as vécu en France, tu ne connais pas le commencement de la mauvaiseté. Écoute ! J'ai redoublé ma classe de quatrième, pas parce que je ne voulais pas travailler… Non pas ! Des jaloux avaient envoyé des maléfices sur ma famille. C'étaient comme des lianes qui nous amarraient dans la déveine. Comme la glu. Comme un caca qui nous collait aux pieds. Ma manman est tombée dans la peine. Elle voyait en chaque femme une maîtresse de mon papa. Un jour mon papa a levé son coutelas pour fendre ma manman en deux. C'est le Bondieu qui a tenu sa main. Il est tombé à genoux. C'était la première fois que je voyais de l'eau sortir de ses yeux. Il a demandé pardon à ma manman. Et ils sont allés consulter un monsieur Untel jusqu'au Diamant. C'est ce qui les a sauvés. »

Marie-Anise : « Une voisine venait chaque jour demander quelque chose à ma manman : fil noir ou blanc, sel, branches d'oignons-pays, feuilles de citronnelle, ciseaux, enveloppe, dernière page du *France-Antilles* du samedi, piment et giromon. Ma manman qui est institutrice donnait par esprit d'amitié et de générosité. Tu ne peux pas comprendre ces choses-là. Comment te dire…

– Oui, oui ! Je vais comprendre !

– Eh bien, tout ce que la main de ma manman touchait finissait par se gâter : si elle taillait une robe, elle gâchait le tissu ; si elle faisait un gâteau, la pâte ne levait pas ; si elle cuisait un poisson, le court-bouillon tournait. Et c'était pareil pour tout… ça n'allait plus dans sa classe : elle expliquait les leçons à l'envers, frappait les bons élèves et félicitait les grands couillons. Un matin, elle s'est levée avec ses deux mains enflées. Elle les a juste fait tremper dans de l'eau et du sel. Tu me crois?

– Oui, oui! continue!

– Le lendemain, il y avait du pus sous ses ongles. Elle a vu quarante médecins! Elle a voyagé en France pour écouter les fables des plus grands professeurs. Et puis, un jour, on lui a parlé de l'amputer des deux mains. Ses ongles étaient devenus noirs. La gangrène menaçait. Elle évoquait tous les jours le cimetière et son enterrement. Mon papa se consolait déjà auprès d'une autre femme. Est-ce que tu peux comprendre toutes ces choses?

– Oui, oui…

– Alors, une de ses vieilles tantes, sortie de Saint-Pierre, est descendue à Fort-de-France. Elle a vite compris qu'il s'agissait de sorcellerie. Tu penses, ma manman a ri dans son agonie. "Sorcellerie! Ah! ah! ah!" Mais la vieille tante a insisté et raconté qu'autrefois, en 1902, une belle femme de la société avait déjà subi pareil calvaire, juste avant l'éruption de la montagne Pelée. "Jalousie! voici la cause immonde. Et le remède tient dans un mouchoir de poche: deux prières à réciter pendant trente jours de six heures du matin à six heures du soir, et trois feuillages à prendre en tisane le matin avant le lever du soleil, le midi avant le déjeuner et le soir au moment même où la nuit tombe." Le traitement a duré neuf jours après le complet désenflement et la disparition du pus sous les ongles.

– Oh!

– Et c'est comme ça que ma manman a guéri.

– Ah bon!

– Eh oui!

– Et c'est tout ?
– Oui, c'est ainsi.
– Et elle a su le nom du jaloux ?
– Je ne sais pas.
– Ah, c'est dommage ! Et quel rapport il y avait avec la voisine ?
– Elle est morte !
– Oh ! »

Les cinq plaies
du retour au pays pas natal

*... Il vint une quantité de mouches venimeuses
dans la maison de Pharaon et de ses serviteurs, et
tout le pays d'Égypte fut dévasté par les mouches...*

Les ravets et les mouches... Le soir de notre
arrivée à Fort Desaix, des cancrelats énormes –
qu'on nommera plus tard ravets – couvraient les
murs du logement qu'on nous avait alloué. Ils
couraient. Volaient. Tombaient dans nos cheveux. Se jetaient sur nos figures. Je me mis à
crier. Des soldats se précipitèrent, les pourchas-
sèrent, les écrasèrent. Une pelletée de ravets suc-
comba à ce massacre.

Voir et entendre leurs corps craquer sous la
botte, démembrés, ailes cassées, dans un dégoût
d'humeur jaunâtre sortie de leurs maigres
entrailles, la première fois, c'est terrible. Ils pla-
nent, puis se posent sur les murs avant d'être
assassinés dans une facilité de cinéma. Parfois un
ravet téméraire ose ses pattes sur ma main ou
mon pied ou ma bouche pendant le sommeil, un
cauchemar ! J'ai beau me laver cinquante fois au
savon, l'endroit où la bête est passée garde un
souvenir de grattelle et frisson, longtemps, longtemps après. Ils sont clinquants, luisent comme
la fausse monnaie. Il faut s'en accommoder pourtant. Ils cachent leur cité dans les fentes du plan-

cher. Un monde en vérité, qu'on envisage avec répulsion. Ils se multiplient. Et sont là, parmi nous. Partout. Dans les embrasures de portes, dans les bols, les tasses, les soupières, dans les draps pliés des armoires, dans les pochettes de disques et les Larousse reliés. On entend leur commerce. On suppose leur bacchanale. On les devine. Nous devons vivre auprès d'eux. Tout le monde vit tranquillement avec eux ici. Ravets. Ils marchent seuls ou par bandes. Et pondent leurs œufs là où les yeux ne vont pas, là où les balais ne s'aventurent qu'une fois par mois. Ravets qui visitent les tiroirs et racontent des histoires à boire à leurs petits qui n'en finissent pas de naître et d'apparaître et de fuir le foudroiement des bombes Fly-Tox. Écœurés, relaver chaque assiette, chaque verre, chaque fourchette et couteau. Sentir leur odeur dans les serviettes lavées, blanchies, repassées. Relaver le linge taché. Surprendre une colonie pillant le garde-manger, déployée sur le pain, serrée derrière des rangs d'oignons, assiégeant les assiettes. Ravets intellectuels intéressés à la lecture laissant leurs œufs vides collés aux pages des livres qu'on n'ouvre pas assez.

Petit à petit, nous nous y habituons. Élie les bombarde froidement d'une vapeur chimique qui terrasse l'engeance sur le coup. Lisa les pile. Les balaie. Manman pose des pièges à colle. Sème des poisons. Les combat chaque jour comme l'ennemi séculaire. Je ne crie plus lorsqu'ils volent sur les murs, ils annoncent la pluie. Je le sais maintenant. Parfois nous en laissons courir un, par pitié, un jour, parce qu'on voit bien qu'il n'est rien d'autre qu'une bête traquée, un cœur qui bat fou, dans une carapace de laideur.

Les mouches ont leur saison. Carême les amène dans ses chaleurs. Elles déposent leurs pattes sales sur toutes choses. D'où viennent-elles ? De quelque endroit malpropre, assurément. Il faut couvrir la nourriture et pas rester à gober comme grand insignifiant. Mouches bleues soussoune-clairantes zonzonnent, là-bas dans la savane, près des gros-caca-bœuf. On les connaît, elles se couchent dedans, se bâfrent, et puis viennent net-toyer leurs pattes sur les meilleurs morceaux du déjeuner. Apprendre à tout couvrir. Machinale-ment, comme si on procédait ainsi depuis tou-jours. Manger parmi les mouches. « Il faut bien manger pour vivre, même au grand mitan de la saison des mouches », dit manman. Parfois une mouche vorace et téméraire, mais surtout en grand vent de malchance, esquisse un vol plané au-dessus d'un blaff-chirurgien. Elle amerrit dans l'amarrage d'oignons-pays, se débat jusqu'à périr noyée. Elle flotte, pattes en l'air. Mais ce n'est rien, il suffit de l'attraper et de la voltiger par la fenêtre. Se forcer à imaginer qu'elle n'a pas eu le temps de perdre ses eaux et ses antennes dans la sauce. Manger en s'éventant sans cesse pour les chasser. Elles aiment le sirop au goulot des bou-teilles d'orgeat. Elles se déposent par cent sur le pain fourré à la pâte de goyave, sur le verre de jus, le coin des lèvres sucrées. Grâce à Dieu, la saison passe et l'hivernage les retourne dans la contrée de leurs manmans.

... Elle deviendra une poussière qui couvrira tout le pays d'Égypte ; et elle produira, dans tout le pays d'Égypte, sur les hommes et sur les animaux, des ulcères formés par une éruption de pustules...

Les moustiques et les maringouins... Les mous-tiques ne cessent de m'assaillir. Dans l'eupho-rie du retour, je ne vois pas qu'ils font de mes jambes une collection : Taches et Bobos. Je prends patience. Les gens disent que le sang des enfants nés Là-Bas est doux, sucré, au goût des maringouins. Mais, patience, leur engouement ne durerait qu'un temps. À mesure-à mesure – avec le soleil, l'air qui parfume la peau, le bon manger créole, le poisson, les racines – le sang devient pareil à ceux d'ici, paraît-il. Un jour, les maringouins se lassent et partent, soi-disant, chasser en d'autres lieux neufs, sur d'autres terres inexplorées. Hélas, après un an, ces animaux-là sont toujours après moi. La peau de mes jambes s'étend comme un pays percé par les bombardements. Une guerre qui ne finit pas et s'enlise. Des ennemis pratiquement invisibles qui œuvrent, jour après jour, *dans un vieux silence crevant de pustules tièdes. Et ça gratte, pareil à une vieille misère pourrissant sous le soleil, silencieusement. Et ça grattelle et ça démange.* Et la peau qui cicatrise est cent fois écorchée. Rage d'avoir succombé à la tentation des croûtes qui tardent à venir, s'ouvrent sur une larme de sang et dépendent le cœur. Les soiffards piquent et percent. Nuit et jour, jour et nuit, insatiables. Comment une seule petite piqûre de moustique peut provoquer de telles dévastations ? Il y a des plaies qu'on aurait dit inguérissables. Des souvenirs de larges blessures surinfectées soignées à la pénicilline. Des trous laissés par des séances acharnées d'arrachage de croûte. Je prie pour que mes jambes couvertes de bobos redeviennent comme avant. Je les ai en horreur. Est-ce que les taches disparaîtront plus tard, quand je serai une grande femme ?

La guérison vient, petit-petit, grâce aux remèdes, baumes et bains de feuilles, et surtout à l'effort de volonté pour retenir la main qui griffe et gratte les piqûres de moustiques. Ruser pour détourner leur flair. Enduire les jambes d'une essence citronnelle. Frotter les taches rebelles – chaque jour, matin et soir – d'un beurre de cacao. Prendre patience debout dans les shorts qui exposent la honte et la laideur de la peau massacrée des nouveaux arrivés.

... Le fleuve fourmillera de grenouilles; elles monteront, et elles entreront dans ta maison, dans ta chambre à coucher et dans ton lit, dans la maison de tes serviteurs et dans celles de ton peuple, dans tes fours et dans tes pétrins...

Grenouilles, zandolis, serpents et mabouyas... On raconte des histoires folles sur les mabouyas. Les ravets nous répugnent. Les moustiques nous massacrent. Mais les mabouyas nous terrorisent.

Nous éprouvons une certaine affection pour les petites grenouilles qui passent leur vie sur le potager de la cuisine. Elles se baignent à toute heure dans l'évier et tressautent sur la vaisselle qui dégoutte à côté. L'idée ne nous vient jamais de les assassiner. Parmi toutes les espèces nouvelles qu'il nous est donné de fréquenter, nous les plaçons au premier rang de l'amicalité. Leur contact fortuit ne tire pas de cris, même à la plus scandaleuse d'entre nous.

... Je ne veux pas croire toutes les histoires qu'on raconte sur les mabouyas.

Les zandolis ne cherchent pas la compagnie du genre humain. Ils veulent bien promener leurs corps froids sur les murs chauds des maisons en dur, mais qu'on les laisse vivre à leur idée, se nourrissant de mouches et moustiques. Les garçons hasardent des lassos d'herbe au cou des lézards verts. Peu habiles, ils s'obstinent quand même pour arriver à hauteur des enfants de Plateau Fofo qui sont venus à nous sans qu'on les crie. Ils nous ont fait entrer dans Zouèles-serrés et Délivrance comme si on habitait là depuis toujours. Je me trouve un peu vieille, bien sûr, pour courir avec eux sur la propriété privée qui sert de terrain de jeux aux enfants du quartier. Mais j'y prends du plaisir, même si je me trouve grande et ridicule à courir et suer, alors que les filles de ma classe sont déjà des femmes à mandoline bombée. Tant pis, je joue à chaud-caché. Et quand Josy s'écrie : «*An nou pétey!*», mon cœur bat un peu plus fort. Une pointe aiguë le traverse de part en part et je me souviens de la crème-caco de Man Boule. Même bonheur, même conscience du petit rien qui comble et emplit jusqu'à débord. On répète : «*An nou pété!*» parce qu'on ne sait pas vraiment ce que veut dire *pétey*. On prononce à défaut. L'accent de Là-Bas ne nous quitte pas. On comprend simplement que *pété* donne le départ. On ne demande pas d'explication. On répète pour sentir glisser les mots créoles sur nos langues. «*An nou pété!*» Pour ramener au jour le parler qu'a déposé Man Ya en nous-mêmes. «*An nou pété!*» pour bonder de vie la sève de l'arbre qui tient nos cœurs dans ses branches. Je veux me raisonner, parfois... Jouer à cache-cache n'est plus de ton âge, ma fille ! Laisse ça à Suzy. Tu veux te coiffer en chignon, défriser tes cheveux, farder tes ongles, porter des robes à la dernière mode. Et en même temps, tu continues à courir après des plus petits que toi. Courir après les cerfs-volants de l'enfance qui ne sont déjà plus que des petits points noirs dans le grand bleu du ciel.

Les zandolis se comptent par nations sur la propriété. Il y en a des verts à gorge jaune, des marron tiquetés de noir, des rouges à tête multicolore. Livio en chasse pour sa manman qui souffre de l'asthme. À ce qu'il paraît, elle met le zandoli à tremper combien de jours dans un bol de lait recouvert d'une serviette. Ensuite, elle boit le lait en fermant les yeux. Un soulagement est assuré au bout d'un petit temps. Ce genre de recettes énoncées de manière confidentielle nous émerveille et puis lève des frissons. Visions de macérations de pattes de zandolis bouffis de lait, cauchemars de séances d'avalage de lait à la sauce zandoli, enfer de résurrection de zandoli au mitan de l'estomac.

... Mais tout ça n'est encore rien à côté des histoires folles qu'on raconte sur les mabouyas.

Les bêtes longues de Martinique existent dans toutes les conversations. Nous n'en avons jamais croisé. Nous devons les faire fuir. Nos cris guerriers ouvrent des traces et les bâtons qui nous devancent font baisser la tête aux herbes hautes. Plateau Fofo a gardé en mémoire quelques morsures, chasses et attrapes. On jure que le champ où nous allons chercher l'herbe à lapin et les graines-Job est habité par les serpents... Nous y entrons quand même, derrière la marmaille du quartier. Eux savent. Ils ont toujours vécu là. Ils vont sans souliers et se rient de nos pieds doux qui saignent et crient au premier piquant. À la saison des graines-Job, l'idée des serpents, leur ombrage, la mort et les obsèques assurées qu'ils charroient dans leur malédiction ancestrale ne nous émeuvent pas. Nous sommes là pour récolter ce que personne n'a jamais planté. Chaque graine-Job est une perle et nous calculons déjà la longueur des colliers.

... Pourtant, il y a plus terrifiant encore... Les mabouyas.

Le nom seul fait déjà suer, mabouya. La première fois qu'on en voit un, on reste sans voix. On croit à un bout de cauchemar resté pris au plafond. Puis on crie Aahhh! Ces animaux-là viennent tout droit des grands bois sans soleil. Leur peau est transparente et pâle. Pourquoi Man Ya ne nous a donc jamais causé des mabouyas? Elle nous a dit les *sikriyé*, les *foufou*, les merles. Elle nous a raconté Léphant, Tigre, Macaque et Lapin. Mais elle a oublié les mabouyas! Pis que rats. Plus mal que ravets et maringouins aboutés. Mabouya. Tu dors. Mabouya marche sur tes draps plakatak plakatak. Ta bouche ouverte bave dans un sommeil de marbre. Mabouya entre comme chez lui. Ta bouche se referme sur la fin de ta vie. Ses pattes-ventouses à bouts ronds viennent se coller au tréfonds de ta gorge. Tu te débats. Les hauts et bas de ta vie défilent devant tes yeux qui ne savent pas crier. Tu étouffes. Mabouya boit ton souffle petit-petit jusqu'à plus soif...

... Et il ne resta aucune verdure aux arbres ni à l'herbe des champs...

Zèb-à-lapin... À la cité, l'herbe était pelouse interdite. Les arbres tendaient leurs branches pour implorer le ciel et demander au Seigneur un, deux fruits à porter, le temps d'une saison. Le ciel sortait blanc par beau temps, bleu en été. Sinon, il mettait à tour de rôle ses masques gris et noir. Les arbres en question n'avaient pas de nom. On les plantait tout grands, puis on les arrachait pour ajouter des immeubles à la cité.

Plateau Fofo, où pourtant les maisons grappillent de plus en plus à la terre, nourrit dans chaque cour des pieds-bois sur lesquels pendent toutes variétés de fruits. Mango, surette-cochon, cythère, coco et corrosol ont notre préférence, parmi des quantités d'autres qui bondent les étals colorés des marchandes de Fort-de-France. Ce sont saveurs nouvelles agaçantes au palais comme tous les mots créoles neufs qui nous sont donnés. Il faut tout apprendre... À porter le coco à la bouche pour en boire l'eau, sans jeter la moitié. À toujours demander qu'on le fende pour ne pas perdre sa vie en négligence. On ne sait jamais, un ami des sorciers peut veiller l'aubaine, voler le coco, le remplir d'une maléfique préparation qui voltige à jamais le destin dans une désespérance ad vitam aeternam fatalitas! Apprendre à manger le *nannan* du coco avec une cuillère taillée d'un coup de sabre dans la noix. Apprendre à mollir le mango-fil, puis à téter son jus jusqu'à l'extrême, comme on apprend à rondir les angles des RRR qui dénoncent toutes nos dissonances. Ne pas tacher son linge du jaune-orange des mangues-Julie. Ne pas dire : «Mangue-la-ça!» mais : «*Mango-lasa!*»

Quand ils ne portent pas, les pieds-bois de Martinique chuchotent au vent le mystère de leurs noms. Reconnaître les feuilles pour désigner les arbres est un apprentissage difficile pour qui n'a pas grandi dans leurs branches, pour qui n'a pas connu l'âcre des quénettes, les griffures des pieds d'oranges-grosse-peau et la pluie sous les feuilles.

Papa a décidé d'élever des lapins. Il a bâti des clapiers qui se tiennent le long de la clôture. Aller chercher du *manjé-lapen* devient notre calvaire. Reconnaître l'herbe qui donne la vie et non la mort, celle dont raffolent les lapins et qu'il faut arracher aux barrières, détirer aux grillages. Marquer dans sa mémoire les endroits où elle croît plus vivace qu'ailleurs. Rémi et Élie apprennent à se servir d'une faucille. Un sac raphia sur le dos, ils entrent dans le champ habité de serpents et coupent de l'herbe pour les lapins. Nous, les filles qui chérissons nos longs ongles, sommes le plus souvent épargnées. Des fois, pourtant, je dois aller au *manjé-lapen*. Ces animaux-là mangent tous les jours, même quand les garçons sont ailleurs. Est-ce que ces feuilles qui grimpent là sont d'une bonne variété ? Certaines herbes sont des poisons violents. Je hais les lapins qui ont toujours faim. J'exècre me voir un sac sur le dos en train de charroyer mon chargement de *manjé-lapen*. Je tiens ces corvées en détestation.

... Sur les troupeaux qui sont dans les champs, sur les chevaux, sur les ânes, sur les chameaux, sur les bœufs et sur les brebis ; il y aura une mortalité très grande...

Oies, poules, canards, cochons... Les lapins ne suffisent plus. Papa se découvre vocation de grand éleveur d'animaux de toutes espèces...

La maison est en dur, jetée d'une large véranda par le devant. Trois grandes chambres regardent la cour plantée d'arbres fruitiers qui donnent sans calculer. Grande belle villa blanche aux volets peints en vert. Sur les murs, il n'y a pas de papier peint, seulement de la peinture. Rose, mauve, bleue, jaune, verte, une couleur pâle de craie pour chaque pièce. Alentour, une étendue de gazon nous fait accroire que le temps des misères est échu. Les clapiers sont plutôt l'affaire des garçons, merci, Seigneur de nous avoir faites filles !... Peut-être pourrons-nous gammer et faire des poses en agitant nos mains pour sécher le vernis de nos ongles... Peut-être pourrons-nous passer toutes nos heures de vacances à coudre la dernière mode pour être à la hauteur des Martiniquaises. Avec une toile bon marché, on peut faire une robe pour aller danser. L'art est dans la finition. Il nous faut un temps pour oser les couleurs violentes et chaudes qui blessent l'œil mais attirent le regard. On apprend à s'y faire. Notre cœur s'y habitue au long des jours, y prend goût. Lisa sort de son bleu marine fétiche et découvre les fleurs et les oiseaux, les rivages, les carreaux et les dégradés. On quitte la rigueur des jupes plissées, la bonne tenue des chemisiers à col Claudine. On tombe dans les mélanges de pois et rayures, les assortiments ton sur ton, les coupes et découpes, les pans, les froufrous. On apprend à marier les robes et les souliers. Debout devant les comptoirs des Magasins MEYER, un coin de toile en main, les yeux perdus dans la figuration de l'habit à tailler, on rêve d'éclat et de beauté. On veut être belles, grandes femmes. Manches bouffantes, jupes à volants et dentelles, superpositions de tissus, de matières et coloris. Ici, il ne suffit pas de couvrir sa nudité, juste s'habiller pour s'habiller. Le vêtement devient parure et plumage.

Tandis que nous philosophons, tirant la toile de nos robes rêvées dessous l'aiguille de la machine à coudre, papa voit une ferme dans la cour gazonnée qui dort sa tranquillité au pied des arbres fruitiers. Il compte les bras de sa descendance. Comme il n'est pas bon de nourrir la fainéantise et l'oisiveté (grand-mère de tous les vices, apparentée à jalousie et sorcellerie), il appelle ses fils et filles. Dans son ballant, en un seul jour, se construit le poulailler et le parc à cochon de la ferme de Plateau Fofo. Le lendemain, un tuyau abouché à un robinet du garage donne l'eau. Au soir du troisième jour, apparaissent mangeoires, abreuvoirs et perchoirs. Le quatrième jour apporte des poussins à nourrir au grain. Le cinquième jour, oies, canards, poules, pintades et coqsgemmes. Le sixième jour débarquent le cochon, ses effluves, ses grognements. Et sa vie, promise à boudin, gigots et côtelettes, hypothéquée jusqu'à la Noël.

Si les filles ont le droit de ne pas savoir user d'une faucille pour couper l'herbe, elles ont compétence pour donner à manger au cochon avant d'aller à l'école et capacité pour nettoyer le parc plein d'excréments et d'eau sale et de manger rassis, pourri, de vieux pain boursouflé, de bananes vertes qui trempent dans la boue et des restants d'épluchures au mitan des déjections que le cochon mange et remange en poussant des grognements satisfaits. Impossible d'y échapper. Papa ne regarde pas la mesure de patience qu'il faut pour obtenir des ongles de même longueur. Il n'a pas non plus pitié de nos pieds aux ongles fardés qu'il faut mettre dans les bottes toujours un peu boueuses. Il ne comprend pas que nous ne sommes pas habituées à ces odeurs et à cette boue, à tous ces animaux qu'il faut nourrir chaque jour. Par la force des choses, manman est devenue fermière aussi, alors je plie, aigrie jusqu'à l'os tant est grande l'offense.

Quand la Noël arrive, papa débite le cochon, puis en achète un autre qui succombe d'une maladie sans nom. Le parc reste propre longtemps.

Nous avons mangé poules, oies, pintades et lapins tant et plus. C'était l'état de grâce, bombance et rires gras. Ensuite, il y eut un genre de parenthèse. Le temps semblait suspendu à couver quelque restant d'une vieille rancœur. Ce moratoire dura peu. Des signes avant-coureurs arrivèrent des quatre bords de l'univers. Le sort s'acharna sur la ferme. Épidémies, décimations, poussins mort-nés, pians, hécatombe, mutinerie de coqs-gemmes, œufs pourris-jalousie, invasions de rats, bordel de mangoustes... Et puis le temps d'Apocalypse déboula.

... Le soleil devint noir comme un sac de crin, la lune entière devint comme du sang, et les étoiles du ciel tombèrent sur la terre, comme lorsqu'un figuier secoué par un vent violent jette ses figues vertes. Le ciel se retira comme un livre qu'on roule ; et toutes les montagnes et les îles furent remuées de leurs places...

Le cyclone Dorothy, ses cavaliers noirs des troupes sataniques menées par le grand dragon, débaula, démâta, dérailla la ferme de Plateau Fofo. Poulailler, clapiers, mangeoires et compagnie voltigèrent. Il ne resta que la dalle et les murs du parc à cochon.

Face au grand vent. Seul, au mitan des bêtes mortes déplumées, ailes arrachées, têtes coupées. Le parc à cochon debout comme le vestige d'une cité foudroyée par le courroux de Dieu. Debout, pour dire qu'on peut recommencer à vivre. Le cyclone passé, il suffira d'une tôle, même percée, pour loger un jeune cochon et faire sur sa tête des rêves de Noël gras. Remercions le ciel de nous avoir gardé la vie.

En ville, les magasins rouvrent leurs rideaux sur un spectacle de désolation. Les flots sont montés partout, noyant les animaux, gorgeant les marchandises. On marche dans les rues de Fort-de-France, de l'eau sale jusqu'aux cuisses. Les Syriens montés sur des caisses vendent déjà à la criée les affaires en or qu'a soldées Dorothy : robes à dentelles déteintes, souliers à semelles décollées, chapeaux déformés, chemises rétrécies et délavées, costumes aux doublures effilochées. On entre dans les boutiques éventrées qui attendent un propriétaire sans doute noyé. On se sert. On ramasse tout ce qui traîne ; la débrouille sauve de la désespérance. Pourvu de longues gaules, on pêche et hale ce que l'eau emporte. Des vieux cartables en carton bouilli partent en lambeaux, déjetant de leurs poches décousues des chimères de cahiers et livres décolorés. Un paquet défoncé rote à mesure-à mesure des culottes en nylon noir qui s'en vont, flottant sur l'onde, gagnant la mer comme bancs de coulirous. Une coupe de victoire cycliste prise dans la branche d'un manguier est saisie de justesse. Un poste radio connaît le même sauvetage. Un Nègre à tête ronde hérite d'une aubaine de quelques grands paniers caraïbes qui sont venus dans sa direction comme livraison à domicile. Un soulier verni à talon aiguille trouve un acquéreur qui guette en vain l'autre côté. Croyant voir un cuir vernis en chaque éclair, il perd ses yeux à décrocher l'impossible. Mais la nuit tombe. Alors, il s'en retourne avec au bout des doigts le seul côté rescapé qu'il finit par voltiger dans le canal Levassor.

Fort-de-France vit des jours et des jours dans les restants de Dorothy. Et puis la ville reprend sa figure de bon commerce. Les devantures des Syriens n'affichent plus ni rabais ni affaires extraordinaires. Les pacotilleuses s'en sont revenues avec des merveilles de linge brodé à Tobago ou Saint-Thomas, des lotions de Puerto Rico, des produits défrisants miracle qui rendent le cheveu nègre plus lisse que cheveu métropolitain. Des nouvelles marques de crèmes éclaircissantes apparaissent au mitan des fausses nattes et perruques au dernier chic de Miami. La ville retrouve ses nouveautés, ses crieurs, sa foule, ses marchandages vifs et sa touffeur. Parfois, le regard entre dans l'embrasure d'une porte et se cogne à un tray déposé sur un tabouret à trois pattes qui propose encore, faute de mieux, des ramassis du cyclone Dorothy. Mais plus personne n'en veut.

Les cotons colorés qu'on découvre aux comptoirs des marchands de tissus ont un air de jamais vu qui défie l'imagination. Les souliers crient: «Achetez-moi s'il vous plaît!» Les piles de vaisselle-porcelaine sur laquelle dansent marquises et comtes disent: «Faites-nous valser chez vous!» La vie a repris. Les Syro-Libanais implorent toujours le client, flattent la femme, passant une main au cou des marmailles. Ils déplient leurs corps de même manière. Se hâtent à dépendre les soieries et soussounes-clairantes à paillettes. Leurs yeux brillent dans la vision de l'or que promet de nouveau Fort-de-France.

Guadeloupe

Le désir de Guadeloupe gagne Plateau Fofo.
Les pensées de Daisy sont allées devant. Elle ne
nous voit plus, tourne en imagination les pages
d'un livre qui date, caresse de vieilles photos. Elle
songe à Man Bouboule dans son veuvage à Man
Ya et à son Asdrubal, rit à l'idée de retourner
dans le pays de sa naissance, puis se revoit au
temps de sa jeunesse, sur la véranda de Goyave à
inventer demain. Elle s'en retourne au pays dans
le corps d'une femme mûre. Elle a vécu la France
et l'Afrique. Elle a goûté des deux. Là-Bas, il lui a
fallu essuyer tant de larmes d'enfants, raconter
des histoires, expliquer, apaiser... Elle ne peut
oublier ce qu'ils ont enduré.

Retournez en Afrique !

Bamboula !

Sales Négros !

Allez manger des bananes dans votre case en
paille !

Fait étrange, ses enfants veulent ressembler à
ceux d'ici. Ils s'efforcent à parler créole. Mais
l'accent parisien ne les quitte pas. Dans leur
bouche, les paroles s'enlisent et s'arrachent. Daisy
ne leur a pas enseigné le créole. Pour quoi faire ?
C'est seulement dans la colère qu'il lui échappe,
pour intimer silence, faire taire l'insolence, ou
commander patience.

Parler français témoigne de bonne éducation et manières dégrossies.

Un homme qui te parle en français est un monsieur civilisé…

Un bougre qui te crie en créole est un vieux nègre de la race malélevée, chien-fer rosse assurément, *boloko* de première catégorie, malpropre à puces, scélérat à langue effilochée, bandit à cinquante-quatre coutelas, coqueur roi de poulailler, capon à grands jarrets, Juda Iscariote, Belzébuth en caleçon, esprit de vin de haine…

Ah! mais un monsieur qui cause dans un bon français de France est un chef-d'œuvre immaculé, un prophète en cravate sanctifiée, un espoir de grand marier.

Fuis le sieur sans horizon qui s'adresse à toi en créole. Dans son parler de Nègre à malédiction, il y a charretées de mépris, caravelles de mauvaiseté, désespérance par brassées…

À présent, ces paroles-là, que les donzelles d'antan échangeaient dans l'aveuglement de la jeunesse, reviennent à Daisy comme un refrain radoteux sur un disque rayé. Vois comme tout change! pense Daisy se parlant à elle-même, les temps se déposent les uns sur les autres comme varech au bord de plage. Voilà qu'à présent, le *palé a vyé nèg* intéresse ces enfants qui sont nés en France. Ils mettent le créole haut comme ça, en font une affaire d'honneur et respect. Ils butent sur les mots qui partent bon ballant et puis passent à la trappe. Perdus dans le mystère des paroles – qui portent sans fatiguer cinquante sens, dièses, gammes, et bémols – les enfants peinent. Ils demandent à mi-voix des traductions quand tout le monde rit et ils restent bêtes, bouche ouverte, suspendus à une explication, toujours en retard d'un rire. Ils sont d'ici sans en être vraiment mais ils s'y essaient, chaque jour, passionnément, avec la volonté de ces gens de la ville qui font un retour à la terre.

Quitter Martinique. Juste le temps des grandes vacances.

Tailler un peu dans les racines d'ici.

Revoir enfin la Guadeloupe, Man Ya, Man Boule.

Dans chaque départ on abandonne toujours un peu de soi, même des poussières de rêves. Elles laissent des vides au cœur, pareils à ces taches claires que déposent au mur les tableaux décrochés.

Pendant que Lisa et moi apprenions à coudre, à marcher à la manière martiniquaise, à danser sur les rythmes des Rico Jazz et de La Perfecta, à démarrer nos reins dans les cadences-rampa. Pendant que nous étions assises devant la cuisinière à raidir nos cheveux au fer chaud. À étaler le vernis sur nos ongles. Tandis que nous songions à posséder un jour l'aisance des filles de Fort-de-France, que faisait donc Man Ya? Que devenaient le grand-père Asdrubal, son cheval, son fusil, son casque colonial et les cauchemars qui emportaient ses nuits? Lors même que nous étions occupées à grandir, à lutter pour chasser les RRR qui roulaient sur nos langues, à quoi réfléchissait Man Boule? Pour combien d'enfants tournait-elle encore sa cuillère dans la casserole de crème-caco? Où s'en était allée la marmaille qui dansait sous la pluie?

Lisa et moi avions quitté nos chairs d'enfants. Gauches et empruntées, comme dans des robes mal taillées aux emmanchures, nous étions devenues des jeunes filles embarrassées de nos corps neufs. Et même si je balançais souvent entre jouer La Délivrance dans la cour et prendre des postures de grande femme avec mes genoux écorchés qui seyaient mal à mes aspirations femelles... Et même si je voulais recouvrer, comme un dû, les années d'enfance, je ne cessais de grandir et mûrir. Ce temps m'apparaissait alors comme la lumière d'un phare à l'horizon, mes yeux l'accrochant puis la perdant sans cesse de vue. Les mangues qui pendaient aux arbres avaient leur saison pour enfler et entrer en maturité. Je comprenais que le moment était aussi venu pour moi d'abandonner les regrets qui pesaient mes épaules. Chaque fois que les yeux d'un garçon croisaient mon regard, je savais que je n'étais plus une petite fille. Lorsqu'une beauté de l'école des sœurs racontait ses nuits dans l'amour d'un homme, mon corps augurait d'autres jeux à venir.

Quitter Martinique.

Je croyais avoir tenu fidèle le souvenir de Capesterre. Je voyais plus grande la route qui gagnait la case antique de Man Boule. Je me souvenais d'une savane immense. Autrefois, des taureaux légendaires en gardaient les abords. L'un d'eux m'avait même poursuivie un jour de robe rouge. Je me représentais une véranda longue et large, fleurie, écrasée de soleil. Quoi ! une galerie étroite serrait ses bancs mal équarris derrière deux, trois vieux pieds d'hibiscus. La case de Man Boule était tombée dans les dimensions de l'ordinaire. Et le salon où l'on dormait, à combien... dix, quinze, en était réduit à une pièce chiche où, à présent, nous nous cognions sans cesse les uns aux autres. Il y avait toujours les gravures saintes, la cène, Jésus-Christ au mitan, les anges du Paradis, saint Michel terrassant le Grand Satan. Mais ces images naïves, gondolées sous leurs vitres, avaient perdu leur fascinant pouvoir de protection. Le charme était brisé. Et tout semblait maintenant vulnérable et fragile, à l'abandon, soumis aux éléments, et même – plus terrifique encore – remis à la volonté des êtres à maléfices et à tous ces voyageurs de la nuit qui enjambaient la mer et démontaient les cieux en un moment. Un bâtiment blanc, logement de maîtres d'école avait poussé au mitan de la savane. Ses quatre étages regardant avec hauteur la vieille case de Man Boule, lui disaient : «*Ka ou konpwann! ka ou konpwann! ou sé dé fey tòl et twa planch! Nou sé fè èvè béton! Ou pa lan mòd ankò!* Trois planches, deux feuilles de tôle, ton temps est passé, repassé, dépassé, trépassé!»

Man Bouboule avait toujours ses nattes qui lui donnaient – contrairement à l'aune de la mémoire – seulement au creux des reins. Elle-même avait perdu sa grandeur et son autorité s'en était allée dans le même vent. Ses yeux portaient depuis peu un voile blanchâtre. Les pleurs versés dans tous ses deuils avaient déposé la peine en volutes. Pour leur donner le jour à voir, elle les lavait chaque beau matin avec le dernier jus du café coulé. Aux premières heures, sa voix paraissait maintenant tamisée, puis fifinait jusqu'au soir sans tonner dans la case. Elle s'occupait du manger, du boire, mais ne sortait plus guère. Seulement pour visiter son docteur ou descendre à la messe de Goyave. Des enfants allaient pour elle chercher l'eau de fontaine. Un garçon qu'elle payait s'occupait de renverser les vases de nuit dans le canal. Elle passait le tantôt repliée sur son corps, assise sur un ti-banc songeant à La Boule, les mains entre ses cuisses, ou bien triant quelques pois, coiffant un enfant, feuilletant un *Point de vue et Images* qui lui montrait les rois et reines du monde en grands mariages, héritages, témoignages, macrellages. Elizabeth,

Fabiola, Grace, Margaret et les autres paradaient là, en calèche, promenant leurs colliers d'or sertis de gros cailloux, leurs costumes d'apparat. Le soir retirait Man Boule dans sa berceuse, un mouchoir sur la tête, pour pas prendre le serein. D'autres mains préparaient maintenant la crème-caco. Une gazinière neuve avait fait son entrée dans la cuisine. Et même si tôles et planches étaient si noires qu'elles semblaient échappées de quelque incendie, le feu n'était plus le fléau redouté d'autrefois. La crème-caco à l'eau avait aussi perdu ses charmes, ses essences et parfums. Nous autres étions devenus des grands et laissions aux petits le souci de batailler pour gagner le fond des casseroles. Nous attendions avec plus de passion le manger créole du midi. L'idée, l'odeur d'un court-bouillon de poisson mettaient nos bouches en eau. Une joue de piment ne nous effrayait plus. Et les lèvres embrasées, nous montions au ciel, en pleurant, reniflant et suant.

Man Ya !
Man Ya !
Nous voici !
Man Ya !
Personne ne l'avait avertie. Alors, quand elle nous vit, Julia se mit à danser, chanter et crier au milieu le chemin qui va, étroit, devant sa case. Ses larmes disaient la joie et ses yeux brillaient différemment dans cette eau-là. Combien ?... À peine quatre ans qu'elle nous a quittés. C'est bête de pleurer. *Pa pléré sé ti moun-la ! Pa pléré !* Essuyer la figure pour voir et regarder, mesurer la hauteur gagnée durant l'absence. Est-ce qu'on a grossi ? Elle rit. Faut rentrer ! Pas rester dans la rue ! Y a tellement de voitures maintenant à Routhiers. Taxis collectifs qui vont et viennent toute

la journée... Ce serait couillon d'arriver jusque-là et mourir écrasés, juste devant ma porte... Entrez, entrez !

Personne ne se souvenait de la case de Man Ya. Peut-être n'y étions-nous jamais allés. Nous l'avions inventée dans nos rêves. Devant la porte, des graines de café en quantité prenaient le soleil sur des sacs de jute qu'il fallait enjamber. Des bananes tiquetées, rongées par endroits, pendaient aux cordes des solives parcourues de *poulbwa*. La case n'était pas une case ordinaire, c'était la maison à cinquante portes, devant, derrière, sur les côtés. Deux, trois marches d'escalier sortaient de pièces sans nom où paniers caraïbes, vieux cartons, bouteilles vides, journaux et sacs en raphia s'entassaient pour quelque usage à venir. Sous les tôles qui donnaient au ras de la tête, la cuisine couvait une vieille lampe sur une vieille table bancale. C'était la maison qu'Asdrubal avait mise debout. Avec des échappées de pensions, trois sacs de ciment, dix parpaings, trois planches en rebut, il avait ajouté pièce après pièce, et il pouvait dire qu'il possédait une case, à la tête du morne de Routhiers. Chacun avait maintenant sa chambre. Grâce à Dieu, l'épreuve de solitude avait fait perdre à l'homme sa manie de volées et coups de pied. À son retour, Man Ya l'avait avisé qu'elle était revenue femme-folle et de plus la toucher. S'il se risquait à quelque outrage, elle ne répondait pas de ce qui adviendrait.

Elle voulait nous donner de tout à voir, à toucher ou goûter... Une viande en train de roussir dans un canari. Un bâton de caco-doux façonné le matin même. Une pâte à colombo. Trois fruits à pain qui enflaient dans les branches. La chambre du triste sire avec, en son mitan, une cantine antique receleuse de toutes ses bêtises de guerre :

215

casque, pétoire, uniformes, bandes molletières. Au mur, des éloges et félicitations qui l'assuraient de son courage et de la reconnaissance dont la France était redevable. Sa chambre, à elle, tenait une couche sur quatre pieds. Ses robes de France qu'elle avait conservées en l'état, pendaient à une ligne distendue. La cour de terre battue. Et puis le fond : des arbres immenses qui avaient vu défiler les nations bien avant l'esclavage, des pieds-bois flanqués d'innombrables lianes au bonheur de Tarzan, des plantes, mille feuillages embrassés, mille verts exposés, et des fleurs hautes, si rouges, si jaunes, qu'on eût dit l'œuvre d'un peintre fou. Derrière le poulailler, la rivière descendait grand ballant. Julia nous énuméra tout ce qu'elle avait déjà vu passer là, dans les jours de furie. Enfin, elle nous montra la source qui sortait de sa roche, toute luisante et pétillante, pépiant dans le soleil.

Envie d'aller toucher cette roche. Enfin !

Nager

Se mettre au bas de la source

Juste au bas

Sentir l'eau frapper la tête

Man Ya nous montrait tous ses bois, les alentours, la cour, l'amour de son jardin. Sa vanille prolifique. Son pied de quénettes, ses pommes-lianes. Le muscadier géant... Ses yeux disaient : Vous m'avez présenté la figure de la France, à présent regardez mon pays, tel qu'en lui-même avec ses hauts et bas. Il y a sûrement ailleurs d'autres terres aimées que des femmes et des hommes ne veulent pas quitter. Il y a sûrement ailleurs des terres plus belles, moins ingrates, sans cyclones ni tremblements, ni raz de marée. Des terres intéressantes avec des gens accueillants qui méritent un détour. Des terres qui n'ont pas connu le sang, n'ont même jamais porté la terreur. Mais personne ne peut m'empêcher de vouloir vivre et puis mourir ici, puisqu'il faudra bien mourir quelque part même si on fait cent fois le tour de la terre dans sa seule vie...

Soudain, elle enlaça un tronc d'arbre, et disparut dans ses branches. Nous laissa à terre, la tête renversée en arrière, hébétés, scrutant le mystère des feuillages. L'inquiétude pour ses os n'était pas en question. En France, elle nous avait dit et redit qu'elle entrait dans les arbres ; ces paroles-là n'avaient pas crû en nous. À présent, elle était là-haut dans la lumière et nous en bas dessous l'ombrage, bien incapables de la rejoindre. Et l'insolence de sa vieillesse, sa science nature et la richesse de son jardin nous obligeaient à l'humilité. Quand elle commença à voltiger des prunes-Cythère par grappes, chacun mit le genou à terre pour en ramasser ou se prit à courir, éperdu, après celles qui roulaient dans les terres dévalées. Nous courions, sans ordre ni menace, poursuivis par les images de France que nous avions gardées de Man Ya. Nous les tirions comme des cartes au jeu de la mémoire... Man Ya à Aubigné-Racan, Man Ya de retour du Sacré-Cœur, Man Ya et les gendarmes. Mais aucun de ces souvenirs ne se superposait avec cette Man Ya qui riait, tout là-haut, dans les branches de son arbre. D'un coup, comme toujours dans ces moments de confusion, les temps se mirent à rebondir, grandes roues d'une carriole en caracoles et cabrioles sur une route de roches. Tandis que le ciel retenait la course des nuages, un vent se leva. Alors, nous comprîmes réellement ce que Man Ya nous avait apporté... Sentes défrichées de son parler créole. Sentiments marcottés en nous autres, jeunes bois étiolés. Senteurs révélées. Elle nous avait donné :

mots, visions, rais de soleil et patience dans l'existence. Nous avait désigné les trois sentinelles, passé, présent, futur, qui tiennent les fils du temps, les avait mêlés pour tisser, jour après jour, un pont de corde solide entre Là-Bas et le Pays. Pendant toutes ces années de neige et de froidure, elle avait tenu allumée la torche qui montrait le chemin. Sa main ne nous avait jamais lâchés. À l'époque, bien sûr, ce qu'elle nous offrait semblait inintéressant : pièces inutiles dans une trop grande maison, fades marinades d'un passé dépassé, manies de vieille femme, paroles créoles de négresse campagnarde, lubies et dérades, sentines de siècles d'esclavage. Savants, nous voulions, à toute force, lui apprendre à lire et écrire, pour la tirer des ténèbres où nous la sentions embâclée. Selon nous, poser les dires sur du papier, tracer des lettres à l'encre définissait la connaissance dans son entier, marquait l'évolution. Et là, quelques années plus tard, au bas de cet arbre, nos certitudes périclitaient. Tout notre beau savoir déboulait derrière les prunes que Man Ya voltigeait. Et soudain, nous étions parés à tout entendre, à écouter et empiler pour l'avenir.

Nous n'avons pas eu assez d'un après-midi pour arpenter ses terres, et traverser ses bois. La rivière nous vit dans un autre jour que je ne raconterai pas, trop d'eau a déjà coulé ici-là... Tandis que manman restait au bourg, auprès de Man Bouboule, nous montions chez Man Ya. Au long de ces jours de vacances, elle nous apprit à griller le café. À veiller la cuisson de l'huile *karapat* Palma-Christi. À fendre les cabosses de caco. À piler sur une roche à *masalè* : mandja, riz, coriandre, girofle, calchidron, coton mili, pour obtenir la pâte à colombo que les Indiens d'ici – ceux venus de l'Inde lointaine, Calcutta – avaient portée en Guadeloupe, en même temps que leurs dieux Maldévilin, Maliémin et Kâli. Elle nous montra les feuilles et fleurs, nous les nomma. Pour notre apprentissage, elle ouvrit la terre de ses mains et planta des graines, enfouit des jeunes tiges. Nous étions à son école. Et les petites lettres si faciles qu'elle ne savait écrire, l'alphabet infernal, lui demandèrent pardon pour l'avoir tant de fois criée grande couillonne, imbécile, illettrée.

Je n'ai jamais pleuré la mort de Man Ya. Elle n'est jamais partie, jamais sortie de mon cœur. Elle peut aller et virer à n'importe quel moment dans mon esprit. Sauter d'une branche. Monter les et cætera de marches du Sacré-Cœur. Son jardin de Routhiers est plein de sa présence. Et les jours à haler jusqu'au soir sont moins lourds à ses bords. Elle est là, dans le temps d'aujourd'hui, vivante. Des fois, elle porte l'habit militaire. Elle écrit Julia sur une ardoise dans une facilité que tu ne peux comprendre. Elle ne rondit plus son dos au fouet de son Bourreau. Elle est assise sur un nuage. Elle rit et mange des mangos roses.

Table

Composition réalisée par INTERLIGNE

IMPRIMÉ EN FRANCE PAR BRODARD ET TAUPIN
La Flèche (Sarthe).
N° d'imprimeur : 4741D – Dépôt légal Édit. 157-02/2000
LIBRAIRIE GÉNÉRALE FRANÇAISE - 43, quai de Grenelle - 75015 Paris.
ISBN : 2 - 253 - 14799 - 0